U0053691

CAREER

天窗出版

升職力

從Sales到CEO的
保險宗師楊梵城

簡倩如 著

目錄

CHAPTER 01

從「打雜」到CEO
楊梵城八步成師

目錄

獻給有夢想的你

當你問自己：

為何升別人，不升我？

工作多年，為何仍在原地踏步？

我為何經常迷迷糊糊，不知自己在做甚麼？

一生人就是如此嗎？

我是一個有價值的人嗎？

我有執行力，能獨當一面嗎？

要成為 CEO，會否太遙不可及？

如何能夠運用Life Skills人生技能，實現夢想？

──書中自有答案！

成功取決於態度

「性格決定命運」，不是迷信，是一個人「對人、對事、對自己」的因果。「態度決定一切」，更是成敗的主因。

相識 20 年　合作 10 年

我與楊梵城先生從 1995 年認識，迄今達 20 年。1995 年，我開始擔任他所任職的香港鵬利保險公司之策略公關顧問，到 1999 年，香港鵬利保險公司易名為香港盈科保險集團有限公司，正式在香港上市。我一直做到楊先生離開香港盈科保險集團有限公司，前後達十年。

這十年時間與楊先生及其團隊的相處，讓我非常佩服他的以下優點：尊重。作為他的企業策略公關顧問，他會聽取我的意見、分析，並接納我提出的解決方案。這種尊重，讓我可以客觀地為他及其企業所面對的種種企業公關難題排難解紛。

他另一優點是：信任。我和我的團隊（Win Concept 威確顧問）並非隸屬於他所在公司的全職人員，但這十年中，我和我的團隊完全獲得他的信任，讓我們在其公司上下，均受到信任與尊重。十年來，我們為他及其公司解決企業公關問題，包括客戶的誤解導致投訴的出現，中國、香港、海外媒體的諮詢及訪問要求，社區關係的建立及上市的種種企業公關活動，在楊先生及其團隊對我們這種信任的氛圍下，對外，我們全面作為他及其公司的

楊梵城 (左三)、筆者 (右三) 與「中文金曲」製作人及盈科保險高層留影。

發言人，處理一切企業公關問題；對內，我們亦獲得楊梵城團隊的合作與支持，順利及圓滿地處理大大小小企業公關上的難題。

千里馬也要遇到伯樂才有發揮的餘地。與楊先生一起，我們感覺「千里馬」不只可以自由地奔跑，還能去多遠就多遠。在這種自由的空間裡，作為企業策略公關顧問，你便可盡展所長。

「千里馬」畫作的馬兒，在晨光初靈中自由奔馳，迎接美好的一天。願年輕人不放過每次機遇，能盡情奔馳，盡展所長。

他這種對人尊重與信任的品質，更讓我深切體會到，為何會有幾百人甚至幾千人追隨他在業界闖出輝煌成績。

由最低做起的保險業傳奇人物

到我創辦忠美跨文化中心，希望能策劃、出版一系列教育勵志書籍與年輕人共勉，讓他們明白有清晰人生目標，擁有 Life Skills 人生技能（亦稱生活技能），可以有積極、成熟態度待人處事，是他們可以在社會從容面對逆境、不怕失敗、迎難而上的重要基石。我誠邀楊先生擔任忠美跨文化中心的榮譽顧問，他欣然應允。借此，千里馬與伯樂重逢，我與楊先生時隔多年後再次攜手合作，為廣大年輕人奉獻自己的一份心力，一片赤誠。

2015 年，忠美跨文化中心與中山大學出版社合作出版了《改變你一生的 8 堂生活技能課》，為廣大讀者帶來風靡歐美和港台的 Life Skills 人生技能教育理念：全人發展的重要。之後，我們將理論應用於實踐，與楊先生達成共同理念，策劃逾三年，出版這本《升職力——從 Sales 到 CEO 的保險宗師楊梵城》，以楊先生的真實經歷帶出 Life Skills 人生技能的理念——性格決定命運，態度決定一切。

世界衛生組織認為：掌握了 Life Skills，意味著具有良好的性格、健康的心理素質和不錯的人際交往能力。我將 Life Skills 譯為「人生技能」，是有感到人的一生總有起伏跌蕩，希望年輕人能掌握必備的人生技能，可以從容面對一切。

楊先生的奮鬥史中，處處可見 Life Skills 人生技能的影子。他小學未畢業，由最低層做起，憑藉自己的努力，最終成為香港保險業界的龍頭大哥。他為年輕人樹立了一個很好的榜樣：性

筆者協助推廣「鵬利保險」形象，於出席「第 19 屆十大中文金曲」時，坐於楊梵城（前中）之後右。

格上，楊梵城很尊重和信任他人；態度上，楊梵城一直沒放棄進修、學習，由進入保險業便一直堅定以此為終身職業，並為之奮鬥不息。他的故事很值得年輕人學習。

為何有些人順風順水，常常時來運轉，但有些人則一直慨嘆機會未能降臨自身，令自己未能一展所長，前程茫茫？先別急著抱怨，讀完本書，也許你會找到答案。

出版這本書，只有一個目的：書本帶給我們知識，但如何處事待人、待己，能夠運用 Life Skills 人生技能於人生學習路上都是同樣重要。

我們希望天下年輕人，特別是在前線工作奮鬥中的眾多讀者，在閱讀這本書後，能體會到：一個人的成功，不是來自他的財富，而是來自於他的性格和態度：他待人處事的成功、他不輕言放棄的不斷學習精神……通過閱讀本書，能讓廣大讀者都能領略到，CEO 不是高不可攀，而是看你是否領略與實踐書中所介紹的「方法」去達致你的目標。

簡博勿

推薦序
叱吒保險業的
傳奇人物

十分感謝楊梵城先生邀請本人撰寫序言。

楊先生從事保險行業超過半世紀,堪稱保險業巨擘。他曾在多所跨國保險企業擔任前線銷售、培訓,以至管理等多個不同崗位,因而對行業具透徹認識。而楊先生為人最津津樂道的,必然細數他在事業上的奮鬥傳奇:小五輟學,由一名保險公司辦公室助理做起,一步步擢升至上市公司行政總裁的勵志傳奇。

而除了事業上的輝煌成就,楊先生不拘小節的性格,以及其叱吒保險業界的事蹟,亦令他被冠以保險領袖之名。楊先生在事業上的成就,以及其敢於接受挑戰的心態,絕對是不少同業的學習模範。與此同時,楊先生亦不忘回饋業界,他早於 1997 至 1998 年便擔任「香港人壽保險從業員協會」會長一職,為推動保險業發展作出貢獻,而本人亦因此與這位保險領袖結緣。

劉偉強

香港人壽保險從業員協會前會長（2015 年度）

本書記錄了楊先生在事業上的跌宕起伏，以及他在保險業的一步一腳印。透過拜讀此書，我們不單能從中學習這位保險領袖在事業上的成功之道，同時也見證了保險行業多年間發生的重要事件以及行業更替。因此，無論是保險同業、有志投身業界之士，抑或只是傳記愛好者，此書也必然是不可多得的讀物。

培養人才
建立業界的高效獨特文化

楊先生對香港保險業界貢獻良多。他縱橫保險業界數十年，有份將香港保險業特別在行銷團隊方面發揚光大，而自己也成為香港保險業業界傑出領袖。

楊先生為保險業界培養和提拔了大批人才，這些人才日後成為保險業界的箇中翹楚，獨當一面，直到楊先生退休之後，他們仍在為業界做出貢獻。

楊先生在公司內建立了合理、高效溝通的辦事與處事方法，直接為保險業界建立了一種積極、正面的獨特健康融合文化。他提拔了諸多人才，他所創立的保險文化、處事哲學以及工作手法，透過他所提拔的人才逐漸在行業內得到傳播與普及，成為保險業公認的誠信文化座標。這些都是他對香港保險業界的貢獻。

劉國明

中國人壽保險（海外）股份有限公司區域執行總監
2015-2017 亞太區財務策劃聯會副主席
2010-2016 香港特區政府教統局保險業資歷架構顧問委員會委員
前盈科保險有限公司高級區域總監

另外，他眼界不凡，高瞻遠矚，一早便看到，要建立香港保險業內健康向上的文化氛圍，必不可少的環節是需要促進業界人士的互相溝通，實踐專業，讓同行能夠增加交流，彼此互補不足，因此，他曾擔任香港人壽保險從業員協會會長，在工作之外，亦不忘為香港保險業奉獻自我。

推薦序
尊重女性　一視同仁

楊先生以人為本，不論性別，一視同仁。他非常尊重女性，欣賞有能力的同事，儘量給予發展的機會和空間。在當年香港金融或保險業務界別，由於行銷從業員質素參差，行銷隊伍人數也相差很遠，管理工作實在不容易，普遍管理營業隊伍的領導層均由男性擔任。楊先生竟然邀請我加入管理層，這個決定可以說是一反傳統，為管理文化帶來新氣象。

我在團體壽險行銷及管理方面，雖然累積了多年工作經驗，但個人壽險的範疇對於我來說始終是新領域，而且當年很多行銷從業員比我還年長，年資也比我高，楊先生毫不介意，依然信任我，願意給我機會，讓我擔任管理行銷隊伍的工作。我內心實在非常感激他對我的信任和提拔。

上任後，楊先生經常鼓勵我，幫助及支援我的工作，給了我很多機會讓我發揮所長。他在工作上為我提供了不少寶貴的意

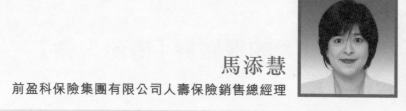

馬添慧

前盈科保險集團有限公司人壽保險銷售總經理

見，例如，如何妥善處理與團隊及客戶的關係，怎樣策略性地解決團隊之間的競爭問題，如何與不同階層的行銷從業員融和，溝通等等。他的提點令我很快就融入團體，從容應付充滿挑戰性的新工作。

行銷管理工作繁複，遇到工作壓力時，我就會想起楊先生教我「紓緩壓力的絕招」——深呼吸。他告訴我，遇到壓力時，不妨深呼吸，數 10 秒，讓自己情緒冷靜鎮定下來。因為壓力會令人衝昏頭腦，容易表現出不禮貌的態度，對身體健康也無益，這時試著讓自己冷靜下來，會清醒一些，避免無謂的誤解或者衝突產生。這方法令我受益匪淺。

我們現時已成為莫逆之交，經常分享人生經驗或是生活哲理，多年的友情，我們都互相珍惜。

推薦序
具領袖魅力的保險界「傳奇人物」

在先衛保險有限公司時，我一直在楊先生的麾下工作。後來澳洲的國衛保險有限公司（「國衛」）收購了先衛，我也一直跟隨楊先生。1989 年，我做了資深行銷部經理，當時 3000 多人中只有 7 個是資深行銷部經理。

我和楊先生不但在工作上關係很好，而且私交甚篤，有點像他的乾兒子。楊先生離開國衛之前，生活中我們經常一起投資，比如合夥買樓，大家有相同的看法，經常聚在一起聊天、吃飯，商量公司政策之餘，也談天說地，無話不說，甚至我們雙方的家庭也都互相熟悉，兩家關係密切。到了 1994 年，國衛要賣盤，楊先生打算離開國衛。當時我手上還有很多客戶，若我一走了之，很難和下屬以及客戶交代。因此，當時他走，我沒有隨他而去。

但我和楊先生的緣分並未就此斷絕。畢竟，我們這一行，經常都要招募人才。過往楊先生與我在先衛和國衛共事 10 年，大

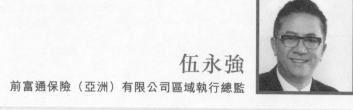

伍永強

前富通保險（亞洲）有限公司區域執行總監

家彼此熟悉，他知道我的能力，也知道我的為人；而我也一直認為楊先生是一位好領袖、好老闆。楊先生走了以後，我仍然留在國衛，一直到 2000 年，我手下已經有 1000 人。而楊先生當時在盈科保險集團有限公司（「盈科」，前身為「鵬利」），盈科那時有近 2000 人，須待發展。因此，楊先生求賢若渴。

到了 2000 年，我在國衛做得不太開心，因為那一年開始，香港保險業規定，保險從業員要通過資格考試才能入行，所以招人方面比以前困難多了，條件苛刻，而那些通過考試的從業人員在成功入行後可能發現自己原來並不適合做保險，於是經理就浪費了很多時間在招聘人手方面，結果公司在 2000 年開始招聘速度明顯減慢。另外，1997 年的金融風暴讓很多有錢人變成負資產，保險做得好的人是不會輕易離開的，因為一旦離開便會損失慘重，要從頭開始，經理更是如此。但當時保險公司很需要大量聘請人員以圖擴大團隊，因此 1997 至 1998 年

間，保險行業開始了挖角風潮，有能力的保險從業員賺到錢買了樓，卻因為金融風暴而變成負資產，這些外因刺激他們跳槽去新公司找新機會。因此，在 2000 年，雖則每間公司在不斷招新人，但每一年招 100 人進來，最後走掉七七八八，四、五年後只剩下六、七個留下來。公司在招聘人手以及培養新人方面浪費了很多資源和時間。既然如此，倒不如去聘請一些業績已經證明可以做保險、有客戶源、有生意額、有能力的人跳槽。

2000 年，我的年薪已經接近 1000 萬元港幣，其實我本來是不該走的，也沒有機會走。我和楊先生不同，他做總裁，拿的是穩定薪水；而我不同，基本上我的下屬有生意，我就有錢賺，所以，我有甚麼理由要離開國衛去其他公司從頭開始？

但我做得不開心，原因前面介紹了；而我又覺得自己本是有能力的，於是在還沒找到下一家的情況下我便向國衛公司辭職

了。這個世界是很小的,保險這個圈子更小,楊先生手下有很
多員工是從國衛過檔的舊同事,與我手下的銷售人員們素有聯
絡,我辭職當天,楊先生便收到消息。自從楊先生加盟盈科後,
我們已經六、七年沒有見面了。但楊先生收到我辭職的消息後,
第一時間致電給我。

我當時想,我手下有 1000 人,帶領這麼龐大的團隊,一般有
生意額、能力強的銷售人員都會被挖,何況我帶領這麼龐大的
團隊,我想以我的條件去其他公司,開價更高。盈科始終是本
土公司,而我首選其他跨國大公司,我認為他們開的條件更好,
而且會有更多彈藥讓我去將舊部下邀請過來。事實上,舊部下
們過去講心,1997 年後就講心還要講金,如果去大公司條件
比盈科好,他們怎麼會願意去盈科呢?因此,起初楊先生聯繫
我,我和他有面談,但是沒有考慮加盟盈科。

但當我接洽了其他計劃中的大公司之後，我卻決心不會去美國友邦保險有限公司、宏利保險有限公司或者保誠保險有限公司中的任何一家。為何？

當初我離開國衛時，它已經有 3000 人，稱得上當時香港數一數二的大公司。當一家公司規模變大，就會漸漸失去人情味，處處講求制度，而太講究制度便缺少彈性。之前我在國衛做的成功，是因為它有彈性，不死板，初時先衛雖然是小公司，但老闆信任我、給我彈性、有人情味，發展便越來越快。然而，當公司發展壯大後，制度一批批下達，下面的人會變得不開心，出現很多政治鬥爭、條條框框、束手束腳的問題。我不是因為錢才離開，而是感到在國衛這間越來越龐大的公司裡變得綁手綁腳，沒有了人情味而感到不開心，這才決心離開。

楊先生在國衛期間，是很講求中國傳統的，大家都很有人情味；後來他走了，外國人來管理，他們不太懂中國人的傳統文化，

人情味沒有了。我們當初跟著楊先生在國衛打拼時，講求的是中國式制度：法、理、情，我們除了講求規矩（法）之外，也講求理（道理）和情（人情味）。楊先生是我的上司，他跟我講法、理、情，我和我手下的人自然也可以講法、理、情，大家的關係自然融洽，其樂融融。但如果一家公司只是硬梆梆的講求生意、資料，沒有人情可言，那麼大家的關係也就不會和諧。而我當時雖然做得的已經很成功，卻沒有了彈性，試問這樣堅持下去還有何意義？

我眼見國衛公司一步步走到今天，形成如今這樣的局面；那麼，在友邦、保誠或者宏利這些大公司，類似的情況一定會同樣上演，那麼我為甚麼還要跳槽過去，重複今天的故事呢？

我開始重新考慮自己的去向，第一，盈科當時不是特別出色的大公司，我可以將它當成考驗自己的機會和平台；第二，我不用去和公司老闆虛以委蛇，建立關係。如果去友邦、保誠或宏

利等其他公司，因我的職位很高，屆時一定要和高層人物打交道，將耗去很多心力和時間，然而如果去盈科，老闆是楊先生，我不用重新去認識他，而且他手下很多大將都是我的舊同事，大家都是知根知底，相處愉快，這樣於人際關係和熟悉環境方面我可以省卻不少功夫；第三，楊先生很瞭解我，他營運一盤生意，希望有一位正直的人能夠幫他，因此他會給我充分的空間去一展所長。

基於以上幾點考慮，我在離開國衛 100 天後，終於決定加盟盈科。

後來我才知道，當時楊先生想聘請我時，是受到公司其他高層反對的。他力排眾議將我高薪聘入盈科。我也沒有辜負他的期望。盈科於 1999 年上市，我加入時有 2000 人左右。到了 2001 年，盈科的市值是逾 40 億。楊先生在 2003 年離開盈科，在 2007 年，富通保險有限公司收購盈科，出資達 70 億。距

離我加盟盈科時，身價暴漲了數倍。在 2007 年，我手下已有
1000 人，我和另外一名同事差不多管理了銷售部門的七成人
馬。我的成績證明，當年楊先生高薪請我加盟的決定是正確的。
而我，在楊先生走了這麼久之後，仍然一直與他維持非常要好
的關係，因為我真的從心底裡尊敬他。

楊先生是有領袖魅力的人物。説心底話，我一直認為過去香港
的財經週刊以「教父」來形容楊先生，其實並不太合適。如果
讓我説，我認為楊先生是香港保險界的「傳奇人物」，在保險
業的演變過程中，我想他是少數扮演著非常重要角色的人物之
一。今天，這個行業中很多公司的領導人物，都是過去楊先生
的下屬。可以説，他真的提攜了很多後輩，為保險業培養了大
量人才。

領導力與凝聚力
建立保險業管理哲學

誠然，擔任一間保險公司的總裁，手下會有很多不同領域的精英，如行政管理、營運、精算、法律、人事管理等等，分立不同部門。而楊先生雖非十項全能，例如他在精算、技術類方面的理解便不算獨到深刻，然而他對每一範疇都有相當的瞭解和認識，所以對整體運作瞭若指掌。他對銷售人員們非常重視，有自己的一套管理方法與哲學，因此在業界佔有很高的地位。

傳統而言，銷售人員在保險行業佔有重要範疇。公司業務要發展得好、迅速，管理與銷售同樣重要，才能賺錢；而一間保險公司，要有足夠的新生意和保持現有生意額，才能產生利潤。至於決定其內在價值與估算價值兩方面時，新開發的生意額與現有的生意額都是其中重要的元素。而一間新公司更需要做好這兩方面價值，以保持穩定和競爭力，因此，一般的保險公司都很著重銷售方面的表現。

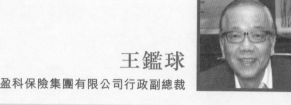

王鑑球
前盈科保險集團有限公司行政副總裁

楊先生在管理方面堪為表率：他對公司的整體管理與營運非常
熟悉；管理銷售團隊有個人的一套獨特方法；銷售團隊都佩服
他，對他有絕對的信任；他在位時，公司銷售團隊比其他保險
公司有較高的地位；他對人一片赤誠、有道義、無私。公司三
個行政副總裁，也相當敬佩他的領導才能。

另外，我很欣賞他的領導力。在香港的保險業當行政總裁，需
要瞭解整盤生意、整個業務、整個行頭的事情。行政總裁的主
要工作是有整體計劃，除開拓生意外，再從保證收支平衡點的
基礎上要帶領公司發展壯大，迅速上升。

為何公司要迅速成長？生產力要快，而傳統生意如人壽保險，
要保住份額，而很多公司就是因為成長不夠快，年年虧蝕，在
競爭中落敗。因此，基礎首先要好，才可以有足夠的修復成本，
有足夠的生意份額去支持整個公司的發展，因此成長是整個公

司其中一條命脈。楊先生從國衛保險跳槽時，有幾百人跟了他過去，這在當時是十分轟動和鼓舞的事情。你可以想想，那些銷售人員們在舊公司仍有固定收入和利益，為何要跟他去新公司重頭開始？因為他對銷售人員有承擔，讓人看到一個整體和遠大的計劃，同事們皆認為跟著他走，會走上更好的職業發展之路。

楊先生創造了一個奇跡，那便是一位小學生領導這麼多大學生、專業人才，這完全可以反映他的領導力、團隊凝聚力：很有管理魄力，能管理到一大班員工；他的心態很好，自信之餘又能非常信任他人，他能讓員工在各自的工作範疇內擁有完全的自主權；他知人善任，對員工安排合理，總是能夠將對的人放在對的位置上。況且，他在信任員工的同時，也能控制好員工，足見他的管理才能。因此，楊先生擁有一大批素質非常高

的員工，而這些員工也能同心協力一齊協助他將業務拓展開來。

平日裡，楊先生的風格很親民、友好。他對所有人都一視同仁，尊重他人。身為總裁，在沒有應酬的日子裡，他也樂得與員工一起吃午餐相聚。而且他做人堅持，韌性十足，不輕言後退。

願這本書的出版，使讀者可分享到楊先生獨特的管理方法與哲學。

推薦序
足智多謀　創建保險銷售模式

楊先生甚有生意頭腦。他足智多謀，思維靈活，總能獲得他人信任，相信跟著他就能有錢賺。而實際上，很多保險界的人也真的因他而賺到錢。

楊先生當年在舊公司擔任總裁，但他能放下一切，加入一間名不見經傳的新公司，在如此環境下重新打拼，更可見他的膽識、魄力。他所建立的保險銷售模式，成為業界模版，很多條款也是因他而生。

其中他創立的一些條款更是激勵了從業人員一路奮鬥不息，延續他的精神做下去。例如，楊先生在國衛保險期間，創立了「通脹保障」，會因為通貨膨脹而上升保險額度，如此的力度吸引了很多新客戶，令銷售員們有生意可做，能夠保持收入。

楊先生還創立了「職業行銷員」（Career agent）這種制度，到現在保險業界請新人時仍在沿用這套制度；此外，楊先生還創立了握手費（Sign on fees）制度，以保障行銷員離開原有

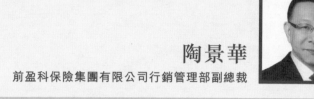

陶景華
前盈科保險集團有限公司行銷管理部副總裁

公司到另一新公司發展業務時可能損失的部分入息，此制度被
業界沿用至今，推動及改善了從業員在行業內流動性的比率。

從上述種種創建，可見楊先生對業界的貢獻。

CHAPTER 01

從「打雜」到CEO
楊梵城
八步成師

成為一名出色的銷售員,需要的是天生才能還是後天修煉?

當身處風口浪尖,如何一次次對命運發起衝擊,從而衝破障礙,求得一線生機?

當立於行業頂點,如何在芸芸眾生中勘破人心,覓得同類,攜手共闖江湖,問鼎新高峰?

成「大內總管」　有腦「打雜」

門被推開了。

「你好，我是來面試文員助理」，門外一位年輕人頗有禮貌地鞠了個躬說道。那人不過十七、八歲，其貌不揚，身形微胖，望之憨厚老實，平淡無奇，唯有一雙眼睛極亮，閃爍著精明的光彩。

「你叫甚麼名字？」

「楊梵城。」

小五學歷　將勤補拙

這是 1957 年的香港，楊梵城走進美國友邦保險公司香港總部的辦公室。

其時他 16 歲，最高學歷為小學五年級，因為家境貧寒，決心闖蕩社會，安身立命。應徵了很多公司，卻無一回覆。

辦公室文員助理——這是他所求職職位的大名，其實就是香港人俗稱的「打雜」加「咕哩」，對學歷無甚要求。他因此獲得面試機會，雙腿一不留神，便跨入了香港保險界的大門。

走出友邦大門，陽光猝不及防灑了一臉，明晃晃讓人有點眩暈。彼時楊梵城未曾料到，從此他展開了在香港保險界叱吒風雲、笑傲江湖的人生。

那工作真苦。分信送信、斟茶倒水、清潔桌椅⋯⋯辦公室裡能見得到的一切工作，他都要做，名副其實的大雜工。無他，年輕，胸口寫「勇」字，只憑一股心氣，天地都不在話下。楊梵城家住九龍城，友邦公司位於港島，每天上班，他要先搭巴士，再轉渡輪。路途遙遙，甚為跋涉。他珍惜這份工作，對自己說：永遠要比其他同事早到。每天一到公司，他就開始打掃辦公室；沒有任務的時候，他就學習打字。他又勤快，又虛心求教，人皆樂於教之。

雖然離開學校了，但學習不能荒廢。他深知小學五年級的學歷，競爭力太弱，因此開始在夜校進修。白天工作超過 10 小時，下班後去上課，再坐船轉車回家吃飯、做功課。

做得多＝學得更多

他從不介意比別的同事做得多，做得多，學得多嘛！他總能往積極的方面想。他的默默付出有目共睹，三年後，他被升職為初級文員。

前輩教路：「要在工作上成功，就必須要做到一點：公司不能失去你。只要你是公司內工作範疇最多、工作量最重的一個，還要是做得最快、做得最好的，你必然受到器重，公司不能沒有你。」楊梵城默默記在心上。此後幾十年間，前輩贈言如座右銘，激勵他一直向前。

勤力與用心工作，這些努力是不會白費的，他一直深信。果然，他的勤力、努力受到上司賞識，被派去公司內部的不同部門工作。久而久之，除了精算部和電腦部之外，他幾乎將友邦所有其他部門都幹了個遍，對於公司內各大部門的營運與合作機制、整個公司的架構與系統等等，有了自己獨到的認識，為他今後的青雲路，打下堅實基礎。

打字員的加薪反思

1963 年，他被提升為會計部職員，開始接觸處理檔案與打字的文書工作。進入會計部後，他更是眼觀六路，耳聽八方，細心觀察，暗暗學習。身邊有位打字經驗超過二十年的同事，工作非常出色，他時時向他請教，不久變得熟絡。

要在工作上成功，就必須要做到一點：公司不能失去你。

一天，那位同事告訴楊梵城，老闆給他加薪了。「恭喜恭喜，請喝茶吧！」楊梵城替他開心。「哎，加得很少。」那位同事看上去並不興奮。

細問之下，才知道那位同事雖然工作表現優秀，可每一次加薪都比其他部門的人低。楊梵城做過好幾個部門，跟各個部門的人都有幾分熟，那位同事所言非虛。他開始思考個中玄妙。

22 歲的楊梵城明白了一個事實：對於整個友邦公司而言，打字員的價值並不大。因此，打字打得再好，也很難步步高升，實現價值最大化。要擁有更大的個人價值，就需要不斷學習，增值自我。

少勞多得的車行 Sales

修畢會考英文課之後，楊梵城想，既然身在會計部工作，便轉而進修會計，務求在工作上有更大進益。

楊梵城跳槽到車行幹會計，月薪 750 元，加上年底雙薪，比起在友邦時，收入提升了 38%。可以擔起一頭家了（當時一碗雲吞麵才五毫）。

楊梵城並不安於現狀，而是細心觀察車行的銷售人員，他們素質一般，也不需要高學歷，說話天花亂墜，不著邊際，每天的工作就是「行行企企，食飯幾味」，動動嘴皮，卻能輕輕鬆鬆，每年就有三萬多元入帳。賣二手車的，收入更高。而他自己，

起早貪黑，每天工作到晚上七點還不能下班，像一隻陀螺般無法停止下來。

他又回想起在友邦的日子裡，看到那些保險銷售員，很多銷售人員是從大陸過來的，中文較好，但英文還不如他，而在當時英文十分重要的香港社會中，這些銷售人員卻能混得風生水起，收入比做文員的楊梵城高出一截；他又回想起會計部那位資深打字員，術業專攻二十多年，收入卻仍追不上銷售員收入的增長速度。

看起來，做市場行銷比做辦公室人員，前景更加理想可期。

他下了人生中一個重要的決定：轉行做銷售！

要擁有更大的個人價值，就需要不斷學習、增值自我。

建立「被信任」的能力

一家公司引起了他的興趣。

那一年流行互惠基金，這家位於中環的基金公司，做得最有聲勢。到何種程度？不是內行的人，真能被他們嚇死！門口停了名車數輛，有些車在六十年代的香港來說已經算得上超豪華的級別。僅僅是滿目名車林立，已經足以嚇倒路人。

而內行的人，則會笑死！楊梵城於友邦浸淫十年，雖則未曾涉獵銷售，但對保險業也有了相當的瞭解，屬於內行人。內行人看門道，這公司不過就是賣賣基金，就能做得威風八面，皆因這個年代，基金方興未艾，蓬勃生長，前景可期，人們還未曾遭遇過任何滑鐵盧，很單純的相信這個新事物。

誠懇比口才更重要

時機就在眼前。他決定轉行做銷售,賣基金。適逢一位朋友想找人合作,楊梵城便與他在 1968 年合夥開了經紀公司,作為中介機構,既賣基金,也賣人壽保險和一般保險,總之甚麼都想一試,正是大展拳腳的好時機。

公司成立後,楊梵城的拍檔沒有甚麼生意進賬,而公司的行政事務他也完全不管。楊梵城從行政到銷售,甚至寫信、入帳等「一腳踢」,忙得不可開交。如此忙活了一年多,楊梵城也毫無怨言,始終抱著全力以赴的工作態度去拼搏。

他人生中第一張大額保單,也在這段時日拿到。

他當日誤打誤撞,走入觀塘一家食品廠進行推銷,該企業的經理羅先生最終向他買了一張三萬美金的大額保單。楊梵城開心不已。

羅先生事後告訴他:「其實當時你的推銷技術很差。」

「那你還買?」楊梵城不解。

「哈哈，雖然如此，但又覺得你這個肥仔看上去很老實，應該不會是騙我吧！所以我就向你買了。」

楊梵城恍然大悟，原來推銷並不需要花言巧語，言辭滔滔，只要自己抱持一顆熱忱之心，以真誠給予客戶信心，相信不會被騙，相信眼前之人，這就是成功！

楊梵城應邀參加中國人壽保險公司個人壽險銷售精英專題演講會，作為主講嘉賓。

食檸檬，不會死！

羅先生一席話給了他莫大鼓勵。轉行推銷保險，最初他並沒有嫻熟的技巧，如簧的口舌，無懈可擊的資料……唯有一顆赤子之心，一副生澀拙劣的真誠。往後，每當他被客人拒絕，他也會失望；但只要想到下一位客戶正在等待他時，心情便能平復過來，抖擻精神，再戰江湖。

當然也會時有心理障礙，楊梵城開始練習給自己做心理調適。諸如：「上門推銷，又不會被揍；被人拒絕，又不會死，怕咩！」每每想到這裡，便覺豪氣干雲；又如：「人人都會有大限，因此人人都需要壽險。保險就是一種幫人的工具，賣保險就是一種幫人的工作」，認為自己的工作非

**獲得別人信任，
是人的重要資產！**

常有意義，值得全力以赴；再如：只要堅持，只要勤力，絕對不會白做，一定會出成績！……漸漸地，他開始習慣於不怕被拒絕，意志力愈加強大。

「不要因失敗而放棄，那只能成為失敗的奴隸！」楊梵城的保險秘笈上，又多了這一條。

別坐辦公室！

掌握推銷力，

1971 年 1 月，楊梵城重回友邦，任職團體保險代表，底薪升至 1500 多元，並另加佣金，已較當時大學畢業生約數百元的月薪為高。

團體業務不好做。如果是做個人保險，只需一對一推銷，成敗轉頭便知，容易節省時間重振旗鼓。而做團體保險則麻煩很多，又要見負責的經理，經理見畢要見老闆，老闆見完，說要再商量、討論、比較……耗時很長，是持久戰。楊梵城後來統計了一下，他經手的團體保險業務中耗時最長最終還是失敗的一個案例，拖了六年之久。

友邦為團體保險業務特設了這個團保代表的職位，寄望頗大。公司營銷員和外面的經紀公司如遇到客戶想買團保的，便介紹給友邦。友邦

就安排團保代表去見客戶，並一直幫客戶跟進。如若生意做成，經紀公司照樣分成。對公司營銷員和經紀公司而言，他們只需將客戶介紹給友邦，餘下一切不管，不費時間，無需成本，便有收入進賬，何樂不為？對團保代表而言，他省下了第一階段的工作——找客戶，只需見客戶和跟進，為何不做？

撞板當買經驗

一年以後，他手上的生意額蒸蒸日上，買賣做得頻繁。上司提拔楊梵城做了地區行銷助理，底薪加至 2200 元及另加佣金。除了繼續負責團保業務，上司還委任他管銷售部，比如給銷售人員做做培訓之類。

這時的友邦還遠不是保險巨頭，需要不斷招聘新的經紀以及開發新的險種產品。1972 年底，友邦推出新的人壽保險品種，名字格外吉利，叫「步步高升」，仿佛買了這保險便能從此高枕無憂。這個年代的人壽保險，保單的面額都不高，這「步步高升」就更少，一份 $3000，一個人最多可以買四份，共計 $12000 港幣。購買程式非常簡單，只需要填一張表，連體檢都不需要，就能立刻出單，非常快捷。

上司拍拍楊梵城的肩膀，說道：「你帶一個團隊負責把『步步高升』推出去！」

楊梵城登報求賢，開始招兵買馬。

賢能未至，不能這般坐等吧！做銷售的金科玉律就是要主動出擊。他拉上同組一位同事，開始在市場嘗試推銷「步步高升」。他們選擇在各個時間段進行嘗試，上午，中午，下午，下班後，晚上……一番辛勞，竟一無所獲。楊梵城開始分析問題出在哪裡。

楊梵城於上海營銷培訓班擔任主講嘉賓。

「步步高升」是為低收入人群設計的險種，針對中下階層。這個階層的人，忙於生計，早去，人家還沒回家；晚去，人們又要忙於煮飯家務帶孩子，根本沒空理你；再晚一點，他們正在看電視，不喜被擾……

不久，楊梵城招到五、六個人。這批人就成了他人生中第一批下屬。他立即整頓兵馬，部署策略，身先士卒，帶著團隊人馬再闖險峰。

楊梵城迎難而上，帶領團隊強推「步步高升」。最終，公司認為該險種市場價值低，市場推動困難大，銷售業績不好，於是停止了該險種的銷售。楊梵城並未因此而洩氣，他反而將這一經歷當作經驗積累，學到了工作中一往無前的解難決心和態度。這種決心和態度，一直伴隨他之後的奮鬥歷程，創下一個個傳奇。

將燙手山芋變成事業轉機

1973 年的年底，楊梵城升職為直銷部經理，底薪 2700 元。當時香港社會的一般工資是 300 元，大學畢業生起薪 500 元，因此，楊梵城的收入就當時香港的平均收入而言，算是頗高。

而此時香港友邦公司旗下台灣南山人壽保險公司的團體保險部經理辭職,急於物色新的經理,既要求中英文流利,又要擅長於溝通洽談,還要懂得保險銷售,一時之間從何處找人?

經商議後,友邦公司打算在香港總部調派一名經理過去台灣接手,應者寥寥;而楊梵城負責的「步步高升」,其銷售業績讓上司並不滿意。最終,燙手山芋落到楊梵城手上。

去還是不去?

楊梵城不再是年少輕狂。他有家有室,女兒剛出生,生活歷練讓他更加學會從危機中求生機。他很快便做好了心理調適,台灣之行,此時在他眼中已經轉為一個難得的機遇!

為何?

第一,老闆覺得他是可以被信任的,才會派此重任;
第二,老闆覺得他有不錯的銷售能力,平素的表現展示了他作為銷售人才的所長;
第三,老闆覺得他有駕馭和管理一個部門的能力,以及出眾的中英文能力能處理好各項文書決斷,才能放心讓他做部門主管;
第四,老闆覺得他一直勤力努力,願意提拔他。

友邦是美國公司，香港總部的老闆也是美國派來的外國人，為何千里迢迢，遠赴香港？也是因為友邦相信那人，那是自己人，公司要派這位自己人去異國他鄉，去替公司管理一幫員工。自己也一樣，如若公司不信他，怎麼還會派他過去？這種安排是出於信任。

台灣之行，勢在必行。楊梵城調整心態，抓住機遇，赴台上任。

> 銷售業績不好，
> 他反而將這一經歷
> 當作經驗積累，學到了
> 工作中一往無前的
> 解難決心和態度。

握緊轉危為機的每一個可能

抵達台灣，當上團體保險部經理後，楊梵城歷數自己重回友邦後，短短兩年時間，連升數級，成績亮眼。他在香港友邦公司旗下南山人壽保險並非最大的領導，但團保部的一切事務，他都要負責打點安排，全權處理。

他工作一如既往，勤力拼搏。在台灣工作一年多，生意不錯，銷售額穩步前進。

美國友邦總部有個團體管理部門，負責舉辦全球性的團體保險比賽。楊梵城代表台灣南山出賽，幸不辱使命，赴美捧回一尊大型獎盃，成為他保險生涯中的一項重要榮譽和能力的肯定。

楊梵城將這個大獎盃放在自己的辦公室內，用以自勉，不斷前進。

隨時隨地留意商機

獲獎未幾，楊梵城巧遇台灣台塑集團的人事經理。他當然不會錯過這個機會，便上前與那經理攀談。楊梵城向那經理解釋為甚麼公司需要買團體保險，他從保險的基本概念，到市場分類，到適合人群，到賠付條款等等細節，如數家珍，信手拈來。對方想知道甚麼，他都能很快切中話題中心，讓對方一聽就明白。

談畢，那經理歎道，「楊經理，你真是懂保險！聽君一席話，勝讀十年書！」話鋒一轉，他又道，「很好，我聽明白了！我很有興趣買一張團體終身保險。你們南山人壽保險做得這麼大，你們能否幫我想一想，我這張保單要怎麼做比較好？」

楊梵城萬萬沒料到，對方如此爽快，他忙應承對方，回去後好好幫他想想。

然而，如此龐大的公司，這張保單要怎麼去操作呢？

楊梵城立即與台灣南山的老闆謝士榮商討此事。謝士榮道，「你去找一個個人終身保險，用個人比率來做基礎算給他吧！」他又添一句：「他不會買的！他怎麼可能會買呢？」

楊梵城十分硬頸，他不甘心，也不理會上司潑的冷水，轉頭找到一個有精算訓練的同事，請他幫忙計算這張單。他對該位同事道：「你在每年預算的基礎上加 5% 的工資，用這個做基礎，計算二十年後需要多少錢。」

楊梵城平生天不怕地不怕，做過友邦公司許多部門，混得一馬平川，唯怕兩種工作：精算與電腦。他不由一聲長歎道：「這是一個非常困難的工作，難為這位同事了！」

但那位同事卻說：「很容易計算的！我幫你趕吧！」

於是，這位同事每晚都開夜班，他以個人終身保險的費率為基礎，將團體終身保險在廿年後之保費計算出來。最終算出個天文數字。

楊梵城嚇了一跳，拿著結果找謝士榮。

因一句話簽成天價保單

「首年 10 萬美金。」

謝士榮仍然覺得該公司購買那份保單的機會很微，因為台灣一個大學畢業生的每月薪金約 3000 台幣，而美金 1 元相等於 40 台幣，首年 10 萬美金，相當於 400 萬台幣，所以在當時對台灣公司來講，買這份保單是天文數字。

過一會兒，他擺擺手說：「算都算了，你就跟進一下試試吧。」

保費如此天價，做成生意的機會渺茫，但不試試怎知成敗？

一段時日後，對方致電過來，說那張保單，公司已經通過了。

這結果大出楊梵城所料，那保費是為那經理一句話而臨時算出來的，他手中無單，如何給單？

楊梵城與謝士榮兩人知道，台灣南山的精算師沒有這個權力處理這份保單的保費率，唯有找香港友邦的精算師幫忙。

香港友邦的精算師是個外國人，一板一眼，不識變通，只有一句：「終身保險我們從來不賣團體的！免談！」

生意送上門，哪有自己關上門？幸虧謝士榮也是精算出身，他以專業的角度與那老外精算師分析利弊，解釋緣由：「現在有65 歲儲蓄保險，可以做團體；終身保險不就是 100 歲的儲蓄保險嗎？為何不可以做團體？」那老外終於開竅。

最終，一份量身定做的投保計劃書從香港發了過來。楊梵城以此為基礎，為客戶重新算了一次，再拿給客戶審批。拿到客戶的同意之後，他再將這張投保計劃書送去台灣財務部審核。

拿到財務部審核同意書之後是 1974 年 7 月，總算一切前期工作都完成了。出保單，給客戶。孰料風雲變幻，世事難測，石油危機爆發。受此影響，客戶決定押後一年再投保。

翌年，這張天價保單終於塵埃落定，成為台灣南山當年的銷售傳奇。

敏銳觀察跳槽利害

1974 年 12 月，楊梵城一位香港友邦的舊同事打電話給他。那位同事離開友邦後，去了亞洲人壽保險公司（由亞洲保險公司與美國先衛保險公司合作創辦），問楊梵城有沒有興趣回香港加盟他們公司。

楊梵城謝絕了舊同事的好意。他告訴對方，現任職台灣南山，月薪港幣大約 4000 多元，雖然不是非常高，也沒有銷售佣金（一線銷售人員按佣金制，中層管理人員按月薪制），而在台灣這裡，住房是公司提供的，省了租金。

「按照我現在的待遇，真的很難走啊！」楊梵城對舊同事道。

「你先回來吧！回來再詳談！」

機會當前，總得一試，這是楊梵城奮鬥的哲學。他買了機票，星期五下班後飛香港。星期六早上去亞洲人壽跟對方會面。

詳談後，對方開的條件讓他怦然心動。月薪 4500 元，再加新生意及續保生意的佣金之 10%，他心想：「如果做成 1000 萬新生意，我就能有佣金 100 萬！做成 1 億元新生意，我就有 1000 萬佣金！」楊梵城大樂。

談了條件後，對方安排他見公司大老闆，是美國先衛派來的一個老外。楊梵城對這老外印象不錯，覺得能共事。接著見他的直屬老闆，兩人談了幾句，楊梵城察覺不妥。他發現此人並非專業經理，而是有些背景，是某某的親戚之類。

楊梵城內心開始猶豫，口頭應允對方，說回去認真考慮。

一動不如一靜

事有湊巧，他遇上香港友邦的老闆。老闆一把抓住他問：「你怎麼回香港了？」

楊梵城不會撒謊，只得據實稟報，回來香港見工。「我很有可能回台灣後會辭職。」楊梵城道。

老闆十分意外，問道：「發生甚麼事了？」楊梵城告訴他，對方公司開的條件實在太好了，如此這般大略說了說。

老闆道：「你先回台灣，別著急辭職！」

星期天回到台灣，星期一一早到公司，謝士榮心急火燎來問他：「到底發生甚麼事了？」

楊梵城又如此這般再解釋了一遍。

謝士榮道：「我給你一個星期的時間，你再回一趟香港吧！那邊大老闆要見你。」

「哦，好吧。」

回到香港，外國老闆問他：「説真的，你為甚麼突然想走了？」

「他們給的待遇很不錯，而且可以讓我回香港。」

老闆沉聲問：「如果我給你同樣的待遇，你願不願意留在台灣？」

楊梵城誠懇答道：「老實説，如果你給我同樣的待遇，我當然願意留在台灣。但是我怕我太太不開心，她一直想回香港。我怕我兩年之後，又要來煩你。」

老闆皺著眉頭想了想，像是下了很大決心似的説：「好吧，我明白了！我來安排吧，如果明年二月底之前，我找到了合適的人替換你，你可以回香港工作，這樣你會否留下來 ？」

對方承諾他回港後的新待遇，包括月薪 4500 元港幣，加上銷售佣金，佣金額度沒有亞洲人壽那邊開得高，但也比之前好很多。他最終決定，一動不如一靜，繼續留在友邦。

STEP 05

視乎誠意大於金錢

去或留

回香港友邦後，楊梵城接到的第一個棘手任務，是訓練六個新人。

其實也不是新人了。兩年前，為了給公司增加新的活力，招聘了一批新人，最後留下了六名大學生，歸入專業銷售部，計劃由零開始，將他們訓練成保險界的銷售精英。然而，一年年過去，這些高材生們表現平平，離銷售精英還有一段長長的距離。

楊梵城回來了，公司便委任他為專業銷售部經理，負責培訓他們。這六位新人中，有港大畢業的，也有中大畢業的，還有美國留學回來的海歸派。楊梵城一介寒衣出身，小學五年級學歷的背景，就這樣突然空降在他們面前。

以實力為學歷平反

「大家好啊！我是楊梵城，今後希望大家合作愉快！」楊梵城熱情地打招呼。

反應冷淡是意料之中的。

「這個肥仔是甚麼人啊，怎麼能來領導我們？」楊梵城猜他們肯定如此腹誹，令楊梵城感到不快的是，其中一個人甚為過分，他坐在自己的位置上，當楊梵城推門進來時，只見他微微低頭來，臉上一副近視眼鏡不是架在鼻樑上，而是松垮垮滑在鼻尖，眼睛從鏡片上面直視而來，睥睨而倨傲。

楊梵城壓抑住心中的不快，以不偏不倚的態度，盡好一位部門經理所應盡的職責。這些高材生們蔑視他，他便用自己的實力為自己正名。那些高材生們在背後如何評論他，他不知，亦不願知。他按照自己一貫的待人標準，尊重下屬，不以職位高低而有任何分別或者立場。其行銷領域的豐富經驗與獨到見解，楊梵城也不吝與下屬分享，希望他們能儘快學有所成，終成大器。

楊梵城的成績分外亮眼：他回來之前，這些大學生由上司管理，而上司每年的佣金還做不夠二萬元；楊梵城接手後，以每年 10

萬為自己的目標，從五月份回歸後一直幹到年底，佣金達八萬元；第二年，佣金翻了二倍，做到二十多萬；第三年，達到第二年的兩倍！

不嗔，不怒，平常心，摒棄一切成見，楊梵城多年的內心自修法，讓他在所有質疑與挑釁面前，在所有困難與挫折面前，能夠保持冷靜的頭腦，步步為營，做好自我。他相信，付出總會有回報，也許不是當下獲得回報，但付出一定是對自己修為的積累。

他在生活上、工作上與他們打成一片，高材生們被徹底征服，與楊梵城成為了生活中的好朋友，工作中的好員工。

十年升六級　管六人變千人

楊梵城的團隊在繼續壯大，1975 年回歸友邦香港後，他負責管理六個人；之後開始擴展，增加到十幾個人，然後是三十多個人，最後達到七十人之多。隊伍強壯，業績煌煌，1978 年，楊梵城又升級了，被委任為友邦香港行銷部助理副總裁。

從 1978 年開始，楊梵城帶領的團隊，銷售業績累計增長率平均每年超過 48.5%，生意滾滾而來。友邦香港也一路擴張。

其實，在楊梵城剛回歸時，友邦香港生意自 60 年代末一直沒有什麼進展，只有二百多位銷售員工，辦公樓層從兩層減為一層。

然而，楊梵城回來後，大展拳腳，熱火朝天地幹起來，吸納人才，培養新兵，構建隊伍，推陳出新，把市場做大做強，將保險愈賣愈紅。

楊梵城出席香港浸會大學持續進修學院 25 週年慶祝活動。

「好風憑藉力，送我上青雲！」1981 年，楊梵城成為友邦香港副總裁，只在一人之下，千人之上，踏上了他個人在友邦歲月的巔峰。細算來，從他 1971 年二度加入友邦至今，又是一個十年。在這十年，友邦香港人才濟濟，員工上千人，穩居香港保險業巨頭的寶座，其規模和業績均傲視群雄。

與第一個友邦十年那個默默付出暗暗學習的小文員不同，第二個友邦十年，讓楊梵城步上青雲路，一路高歌猛進，氣勢如虹，成長為指點保險業江山，帶領上千人團隊，舉手投足盡顯大將風範的恢弘人物。他不單躋身總裁行列，進入香港保險業頂級人才的團隊，也成為獵頭炙手可熱的爭搶目標。

第二個友邦十年，楊梵城連升六級，從一位籍籍無名的低層員工，運籌帷幄，不懈拼搏，最終登頂。在友邦這家跨國企業內，他的成就刷新無數前人記錄。

成為比昨天更好的自己

如果讓楊梵城總結他的成功之道，六個字：天時、地利、人和。時勢造就英雄，七、八十年代的香港社會正值經濟起飛，百廢俱興，保險尚算新穎事物，概念引人入勝，競爭仍不激烈，而市場卻潛力無限，楊梵城趕上這個好時代，大膽開拓，銳意進取，手下兵強馬壯，齊心協力創造了輝煌。

回首來時路,他不免慨嘆。他的二十年職業生涯順風順水,晉升速度驚人,自問並非能力格外強過人,若非團隊精誠合作,共同推高業績,他一人即使天縱英才,也無法達到眼前的成就。

當然,累累碩果的收成,更是自己辛辛苦苦揮灑汗水的結果。旁人打工但求無過,不求有功,或者是應付二字為原則,工作不用心,只圖交功課了事,但楊梵城打工,卻常常思考如何能夠進步,如何能夠做得更好,從思維法,到方法論,再到付諸行動,他皆從未放棄探索,持續學習,這也是推動他創下赫赫成績的根源力量。

「比如說,你見到地上有塊金,也要肯彎下腰來去撿起它,因為金不會自己飛入你的袋中!守株待兔是做不了銷售的!」楊梵城常常用這類比喻教導新來的員工們,鼓勵他們要對自己的本職工作抱有一份熱誠,主動思考,主動求知,眼疾手快,不是坐等工作,而是主動尋找任務。這些因素是做保險銷售人員的必備條件,唯有做到這些,才能發展市場,掌握需求,而非坐等客戶從天而降。

更為重要的是,操千曲而後曉聲,通過不斷學習與追求,才能促使他們在競爭日趨激烈的職場中站穩腳跟,拓展出自己獨特的價值,成為市場中獨當一面的人才。

一分耕耘，一分收穫。工作努力，表現不俗，終將會被賞識，付出也終有回報。楊梵城自己的親身經驗就是如此。

據理力爭公平待遇

升上友邦香港副總裁之後，楊梵城的月薪加起來約 18000 元。

1978 年，楊梵城升上行銷部助理副總裁。按照公司制度，副總裁級別按月薪制提供待遇，不享受佣金。他覺得這待遇與職位不太匹配，偏低，向老闆要求加薪。老闆承諾會給予總公司 AIG 之員工優先認股權。這個安排不錯，楊梵城便不再提加薪一事。

第二年，公司送楊梵城去美國堪薩斯州上美國 LIMRA 協會的保險課。楊梵城與一位外國同事一起上課，下課一起吃飯。那位同事加入美國友邦僅兩、三年時間，也是剛升行銷部助理副總裁；楊梵城再看看自己，在這家公司勤勤懇懇打拼了二十年，也才升上行銷部助理副總裁，這位同事就因為是白皮膚的外國人，即使毫無建樹，也能扶搖直上。明顯的區別對待與歧視，讓楊梵城非常不爽。

那老外還喋喋不休，稱公司今年又給了他員工優先認股權。聞此言，楊梵城簡直怒髮衝冠！太過分了，中國人與外國人的待遇怎能如此懸殊！

回港後，楊梵城立即向老闆投訴，並詢問，曾經承諾過給他的員工優先認股權，為何仍未落實。

「再這樣拖下去，我真的沒有理由繼續在這裡工作了！」

楊梵城心生去意，老闆當然緊張。他繼續採取懷柔政策，為挽留人才，更請來美國友邦的老闆來香港安撫楊梵城，說：「你的成績非常好！我們美國這邊也很清楚！」楊梵城心知美國總部的老闆不會輕易來港見員工，這次對自己算是特例。但三言兩語，抵不過耳邊冷冷秋風。口頭承諾，轉眼化為空氣，他需要見到公司有誠意的實際行動。

年底，老闆給了楊梵城一張兩萬元的支票，算作年底分紅。數額不多，但公司礙於制度，不能一次給他太多，便在另外的地方增加待遇，如批給他極低的貸款買車和供樓。

公司有所表示，說明領導還是賞識自己的，楊梵城遂暫時消融去意，繼續在友邦發光發熱。

一切由零開始？

故人遠道而來，攪動一池春水。

昔日的舊上司 Terry 去了美國後加入先衛保險公司，後調回香港，開創先衛香港總部。他一回到香港，就找楊梵城，力邀他加入先衛香港。

經過楊梵城的努力爭取，他在友邦的年收入加個人佣金，加起來可達 40 多萬元港幣。楊梵城不願放棄任何機會。因此，風塵僕僕的 Terry 約他在酒店咖啡廳面談，楊梵城如期赴約。

Terry 給 楊 梵 城 開 價 月 薪 35000 元，他道：「你我二人攜手，在香港開創一片保險業的新天地，重塑業界格局。」

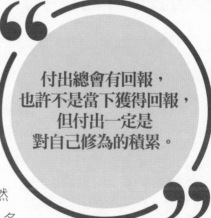

付出總會有回報，
也許不是當下獲得回報，
但付出一定是
對自己修為的積累。

一石激起千層浪，Terry 一席話又將他的男兒夢激發出來。然而，如今的楊梵城已不再是無名小子，一次跳槽，影響深遠，在行業中都會有所迴響，對家庭而言更是舉重若輕，不可小覷。思前想後，楊梵城如履薄冰，反覆盤算。

友邦給的年薪加個人佣金有 40 多萬，先衛開價也是 40 多萬，並沒有太大優勢；兼且先衛在香港是新生企業，一切由零開始，可謂白手起家，前路茫茫，尚有諸多未知，是喜是憂，是福是禍，尚難斷言，亦無從估量，而友邦已是業界龍頭，規模龐大，影響力巨，他一人管理千人，一呼百應。

晚上，他如約致電 Terry：「我想過了，我還是不來了。」

「為何？」Terry 不等楊梵城回答，又道：「明天我找你詳談！」

豁出去成「開荒牛」

「你要多少？」

第二天，Terry 一見到楊梵城，便單刀直入。

楊梵城來不及認真思索，便道：「月薪起碼要 45000 元吧！另加新生意的佣金及最初兩年，新生意佣金保證不少於兩萬美金。換句話說，年薪應有 70 多萬港幣。」

Terry 沒説甚麼，站起身來，伸出一隻手，握住楊梵城的手，重重地搖了搖。

這就等於將自己推銷出去了？這就等於要離開打拼二十年的友邦了？楊梵城心中有一絲絲惆悵。

然而，先衛如此爽快答允他的條件，給他逾 70 萬港幣的年薪，這在當時的香港，是極高的工資了。如此優厚的待遇擺在面前，他真的無法拒絕。

接受它吧！然而，先衛是新公司，鮮為人知。過去後，如果做得好，自然更上一層樓；但如果失敗了⋯⋯

成功與失敗，機會各半，楊梵城感到自己就像一名賭徒，正在面臨非黑即白的抉擇。

不成功便成仁，然而，他並非單身一人，而是身繫家庭命運，他的任何決定，都影響家庭未來。要不要賭上這一把？楊梵城決定，得和太太商量商量。最低限度，他需要獲得太太的支持；否則，一旦豁出去，搏這一次，萬一將來敗了，回家還要落得太太一頓埋怨：「誰讓你去搏？搏來找死嗎？」豈非屋漏偏逢連夜雨！連退路都已斷絕。

他對太太細陳利弊：這一搏，如若成功，固之然好；如若失敗，便得打回原形。「屆時再留香港，已毫無意義，我們必須要離開此地，移民他國，再買樓置業。到時，你就算讓我去洗碗打

工，我也毫無怨言，心甘情願。」他問太太：「你肯不肯跟我一起捱？」

太太不假思索地回他：「肯！」

進退得宜的離職預告

家庭方面沒有阻礙，全力支援。楊梵城內心總算寬慰多了。但他素來行事十分穩重，不是十拿九穩的事情，他不會輕易出手。他還想看看，友邦領導的反應。在內心深處，他仍然不希望自己跳出這個熟悉的天地，去賭難測的未來。

他對上司道：「我可能會辭職。」

上司一驚，問道：「為甚麼？」

楊梵城大致說了說前因後果。很顯然，先衛開給楊梵城的價，比現在的條件好太多。

上司問：「你有甚麼打算？」

「我要想一想，一個星期後再決定。」

這就給自己和公司都留下餘地，可進可退，甚為從容。一周時間，足夠公司決策層做出表示。當時已是年尾，若真心愛才留人，何愁楊梵城不戀舊！他在友邦由 1957 年入職，一做二十五年，輕易怎會說走？

碰巧上司急著去台灣，他道：「大老闆明天早上要見你。」

> "
> 你見到地上有塊金，
> 也要肯彎下腰來
> 去撿起它，因為金不會
> 自己飛入你的袋中！
> "

去見大老闆的路上，楊梵城邊走邊想，如果對方允諾他每月工資加 5000 元，另外分給他友邦員工優先認股權，他可能會再一次舉手投降，不作他想，立即答應留下來。

然而，當他見到大老闆之後，對方的回應卻讓他非常失望。「我們十分欣賞你的工作，對你有很多的計劃和安排。你的名字已經進入員工優先認股權的名單中。」

僅僅是在員工優先認股權的名單中，言下之意是仍未確定何時可以給他股份。然則，既然進入名單中，有朝一日也可能被踢出名單外；或者，未被踢出，但屆時只是分給他一點股份，聊表意思，那麼楊梵城就會變得非常被動。

跳出 Comfort zone 另起爐灶

說想想，沒有再想，也沒有再想的必要了吧，楊梵城心中暗流湧動。友邦毫無誠意，而先衛誠意十足。新公司又如何？不入虎穴焉得虎子？他毅然決定，這次一定要放手一搏了！出於禮貌及個人涵養，楊梵城當天沒有立即遞交辭職信。

海闊憑魚躍，天高任鳥飛。也許，這是上天的安排吧！楊梵城決定再次跟隨命運的指引！

第二天，他對上司道：「非常感謝你的好意與安排。但我還是想試一試我的運氣如何。」言罷，他正式遞上辭職信，像多年前他離開拍檔的公司，放下豪言壯語後，手一揮，大笑一聲，絕塵而去。

外面天大地大，且莫管它成敗對錯，雖千萬人吾往矣！英雄不問出身，更不提前路，只管長歌一曲，笑傲江湖。40 歲，難得還有激情恣意一把，難得還有雄心壯志待酬。

回首往事，若當日友邦肯放下身段，拿出誠意挽留他，以楊梵城穩妥十足的個性，是不會走的；他也不會冒險走這一步棋，亦不會有後來的故事可說。可知塞翁失馬，焉知非福。

逆向思維
膽大心細的

向友邦正式辭職後，持重老道的楊梵城先不急著去先衛上任，而是四處招攬人才。憑著自己在這一行浸淫多年的閱歷以及觀察，他招攬了七個人，重組了自己的原始團隊。

七員「創業大將」全部就位，任職營業副經理，前後不用一個月時間。人雖不多，但個個精英，皆可獨當一面，足以協助楊梵城攻城掠地。

1982 年，香港保險業進入快速上升期，形勢穩步看漲。楊梵城被任命為總經理，帶著他的團隊進入先衛保險公司。

先衛是個奇妙的地方。楊梵城後來才知道，先衛真是小，1974 年，美國先衛總公司投資

1600 萬元港幣開設香港先衛。然而，八年過去，香港先衛仍只有八位員工，與同行友邦公司之動輒千人的規模不可同日而語！

發展勢頭可謂慘淡，楊梵城在加盟之初，更遭遇阻滯。

員工年增九倍　楊贏人心

香港先衛有九名營業員，其中有一位姓陳，是營業部經理，原也是出任總經理的人選之一，但 Terry 最終請了楊梵城回來坐鎮總經理之位。陳經理的升遷之路被人橫空而出奪去，內心對楊梵城自然非常抗拒。他抱定一個立場：死守先衛，按兵不動，看衰楊梵城，一旦楊梵城失敗，他便會立即取而代之！楊梵城的一套銷售策略，陳經理不接受，仍舊用自己的老辦法去做，表面做做樣子彙報給楊梵城，心裡暗想：「你這麼厲害嗎？屆時我比你厲害，你就完了！」楊梵城每每與他過手時，仿佛都能從他眼中讀出挑釁的敵意。

回想起那年調回香港，楊梵城遇上六個大學畢業生，也是受到如此冷待。多年過去，他對此類挑釁看得更加淡泊，對處理這類繁雜的辦公室政治鬥爭和人際關係，手法更加嫻熟，不動聲色。過去，即使他面上紋絲不動，內裡還是暗湧不斷；而現在，他連暗湧都沒有，物我兩忘，心中只有目標，只有夢想，別無他物。

還是那句話：不服氣，看成績！用能力說話，鹿死誰手，不問過程，只看結果。

一年以後見分曉，楊梵城的團隊從七個人發展到六十多人，主要是抱著有教無類的宗旨，培養銷售人才為主要目的，由他們帶動新生意，令生意倍增。陳經理不得不承認，楊梵城的策略才是可行的。君子坦蕩蕩，陳經理不愧有大將之風，看到楊梵城的成功，他心服口服，對楊梵城改變態度，化解隔閡，採納楊梵城的策略。至此，先衛的兩個銷售系統終於融於一體，齊心協力，直指明天。

招賢納士　壯大先衛

從 1982 至 1983，一年之內，手下由七個人擴增到六十多人，是楊梵城超強的領導力又一次淋漓盡致的體現。那一年，他接到三個特別的電話。打來電話的人不同，但電話內容驚人的一致。

原來友邦的三位營業部經理，許小姐、麥生和林生，被友邦辭退了。他們最初去國衛保險公司，但對方不接收其他公司過來的人員；他們齊齊轉身，求助於楊梵城。先衛正值廣納賢能的發展階段，他們想過檔，楊梵城自然無任歡迎。許、麥、林三

位經理，帶著各自隊伍，正式加入先衛。雖則這三隊人數量不算很多，然而帶來的氣勢和影響力卻足以令整個先衛側目。

楊梵城已然成為一塊磁石，凡跳槽者皆想找他。

招賢納士還在繼續。1983 年，佳寧集團正式清盤，旗下有間其昌保險公司也要賣盤。香港政府要保障該公司客戶利益，但其昌人馬卻前途未明，不知何去何從。楊梵城與 Terry 大膽決定：將其昌保險買下來！在獲得總公司支持後，他開始著手收購其昌事宜。

其昌保險公司的規模不大，行銷人員計約 30 人，專做小額保單，主要面向老年人及低收入人群銷售。最終，他們以 800 萬資金買入其昌保險的資產與一眾人馬。這 30 人過檔後，先衛培訓他們銷售傳統的保單，團隊力量迅速猛增。

廣納人才數年達 700

1984 年，宏利保險公司辭退了兩個人，楊梵城第一時間請他們加入先衛。但他們嫌先衛規模小，兩隊人馬浩浩蕩蕩去了另一家保險公司。過去之後，安頓下來，原來在那家公司的有些人卻心生不快，其中一位就是 Raymond。這些資訊被舊同事傳

到楊梵城處。其時一直有人被招納入先衛，但楊梵城仍然眼觀六路，耳聽八方。他求賢若渴，決心會一會這位 Raymond。

上天總是格外垂青楊梵城，機會隨即來臨。國際壽險管理學會（Life Office Management Association 是北美的國際壽險管理權威機構，考試合格後成為 FLMI 會員）邀請楊梵城出席 FLMI 年會。楊梵城一進去，發現 Raymond 也來了。更妙的是，Raymond 之前從沒在這種年會出現過，之後也沒再去過，唯一出現的這一次，就遇到了楊梵城。

楊梵城心中一喜，也不多言，約好 Raymond 下週三共進午餐。

Raymond 單刀赴會。楊梵城直入主題：「有沒有興趣過來先衛？」

「沒興趣。」

「不要緊。如果你有興趣了，可以告訴我，我們好好談談。」
楊梵城又道：「我這週六要去美國，你如有興趣，不妨好好考
慮我的建議。」

那次午膳，楊梵城也不管對方有心無心，仍向他介紹了先衛的
基本情況等等。對方最初反應冷淡，但隨著楊梵城耐心勸說後，
漸漸沉默細聽。

第二天，週四，Raymond 致電楊梵城，雙方約定後，第三天，
即週五，兩人再次坐下來詳談。

這次對方有了誠意。楊梵城道：「我明天就去美國了，你如果
有甚麼想法，可以直接找我老闆，我會跟他提前說好。」

豈料楊梵城離開後兩周，Terry 打來越洋電話。

「有兩個好消息！」Terry 難掩興奮：「第一個，這個月生意
額大漲！」

「太好了！第二個？」

「Raymond 和他四個同事表示有興趣過來先衛，已經和我見過了。」

果然。楊梵城掛了電話，氣定神閑。

Raymond 一行五人，各自再帶上一位手下，一共十人，也加入先衛的行列。

成功招到諸多精兵強將，楊梵城再下一城，將目標轉向康聯亞洲保險公司的 Jimmy。他手下管理著百多人，在楊梵城努力下，成功將他拉攏過來，他一次就帶來了六十多人，等於他的一半員工。1986 年，經過持續的禮賢下士，網羅人才，先衛在短短幾年蓬勃成長，員工人數飆升至 700 人。

楊梵城與一百多位保險營業員出席於印尼巴里島舉行的第一屆鵬利總裁大會。

觀察術
培養預視危機的

先衛發展得躊躇滿志之際，美國總部傳來的消息讓楊梵城他們驟不及防。總部主席去世，新主席上位後，打算賣掉香港先衛。Terry 心急如焚，與楊梵城兩人連夜飛去美國談判。總部堅持要賣，楊梵城他們早有準備，即時啟動備案，建議總部，由香港先衛自己尋找買主，理由是「你找一個老闆來，我們如果不喜歡，或者與我們合作不成，對香港先衛將是致命一擊。不如由我們自己來尋找買家吧！」

幾經周折，美國先衛終於同意楊梵城他們的提議。然則，找誰買呢？

美國先衛開價 2000 萬美金。Terry 認為香港先衛最多值 1000 萬美金，不願拿出更多錢來；楊梵城很想自己掏錢買下，可他沒有那麼多

錢，心有餘而力不足。二人唯有將目光一致投向其他行家。

經過一輪角逐，最終國衛保險以 4500 萬美金的天價買下香港先衛，為香港先衛賣盤風波畫上完美句號。國衛在 1992 年於香港上市，市值 40 億港幣，這個天價，讓國衛賺了 11.5 倍！

這個價錢對於美國先衛而言，簡直賺得盆滿缽滿。由 1974 年開業到 1986 年賣盤，美國先衛在香港先衛身上總計僅投入 3000 萬港幣。楊梵城幫美國先衛算了算，收入 4500 萬美金，即 3 億 4500 萬港幣，而投入僅 3000 萬港幣，折算下來，楊梵城他們幫美國先衛大賺了 11.6 倍！這利潤豐厚到令人吃驚！

領國衛成首家上市保險公司

香港先衛已成歷史，楊梵城與先衛員工共計 700 人，併入國衛保險。

其時，楊梵城已逐漸放慢招人速度，不再主動出擊。而人才依然絡繹不絕，主動前來。楊梵城甚至感覺這些人像是求著投誠般，不是單槍匹馬來，而是一批一批來，這種壯觀的事情每年都發生。這些人慕名而來，仿佛楊梵城能夠點石成金，只要加入他的團隊，便能達成所願。面對洶湧而來的投誠者們，楊梵

城感到，如果不收下他們，似乎對不起他們的青眼與信賴，大多來者不拒。

這般發展勢頭，幾年下來，到 1992 年，楊梵城營中人才竟達 3400 餘人！簡直成為香港保險業的水泊梁山。而他更是眾望所歸，任職國衛保險公司亞洲區行政總裁，終成保險界一代宗師。

同年，楊梵城更創下奇跡，帶領國衛在香港上市，成為香港保險業界上市的第一家。這一成就，令他在業內更加舉重若輕，被尊稱保險「教父」、業內「領袖」，其業界地位無人能夠撼動，更無人比肩。

審時度勢　未因權力腐化

在楊梵城的帶領下，國衛保險以 4500 萬美元的資產籌備上市。1992 年，國衛成功上市，其市值已達 40 億港幣，所有投資全部賺回，且身價成數倍增長。國衛在楊梵城帶領下，越發勢如破竹，最高峰時市值竟達 100 多億，一躍而居香港保險業第二大公司。

世事如棋局局新。楊梵城已來到自己職業生涯的最巔峰。做到總裁後，他不再親自去物色人才，而由手下去做。人才卻還是

像潮水一般湧來國衛保險公司，多數是慕名而來，希望能追隨楊梵城。然而，傲立巔峰的楊梵城，卻開始感到高處不勝寒。

手下員工們對他皆是言聽計從，俯首貼耳，他一聲令下，下屬立即執行，高效，服從。然而，他們的這一切行為是出於真誠嗎？是出於對楊梵城朋友般的友誼抑或者師長般的尊重？還是出於下屬對於總裁的流於表面的順從，實則內心大不以為然？

楊梵城説不清楚這種絲絲寒意的感覺何時開始，只知道，當他面對幾千人而發號施令時，除了一種成就感、自豪感油然而生之外，相伴而生的便是這種遠離眾人的襲人寒意。有時，他會疑惑，孰真？孰假？是虛幻？抑或現實？

世上沒有甚麼永恆，一切皆是在變幻莫測中。在國衛保險上市兩年後，澳洲國衛開始醞釀賣盤。先衛的歷史再一次重演。

養成獨特的危機嗅覺

1994 年，國衛公司開始與楊梵城商談他的下一個五年合約。令楊梵城費解的是，國衛在給他的五年合約之內，還加上一個六個月的通知終止服務條款期。這對於已經在國衛擔任多年總裁職務，並且功勳卓著的楊梵城而言，是一個異樣的條款，它意味著，有些事情正在悄悄變化，且未曾打算袒露在楊梵城面前。

多年在職場沉浮的歷練，讓楊梵城對危機和機遇都養成了自己獨特的嗅覺。這種條款與情理不和，一定有甚麼是他還沒有掌握的。他沒有接受國衛開的條件，但國衛如果要解僱他，就要付給他五年工資。因此，楊梵城繼續與國衛斡旋。

不久，他的預測得到證實。收到消息，國衛在計劃賣盤，但還未公佈這一消息，一切仍在暗中慢慢進行。

由於國衛是上市公司，它賣盤的消息一旦被公之於眾，一石激起千層浪，就像打開潘朵拉的盒子，將造成對國衛股價以及香港股市的影響，亦可能造成股民恐慌，形成蝴蝶效應，牽一髮而動全身。因此，賣盤的消息不能提前洩漏，必需在一切準備妥當後方能揭曉。於是國衛採取表面穩住楊梵城的策略，企圖打造一副四海升平，無事可記的和諧局面。

然而，空穴未必來風。濃重的煙霧背後，楊梵城還是恍惚看到了個中玄機，並終於由業內朋友處獲知國衛將要賣盤的內幕消息。

雖然楊梵城早已做足心理準備，然而，當真相來臨時，他依然因為被蒙在鼓裡而變得憤怒。並因為自己身處局中卻不能輕舉妄動而開始焦急。

化被動為主動　抓住機遇

國衛穩住楊梵城是有原因的。楊梵城身為香港國衛的頭號人物，他的動向備受關注，一舉一動皆成為業內風向標，而他的任何與去留有關的消息都將成為傳媒追捧的焦點，只要他一旦有風吹草動，第二天消息必將見報，那麼國衛明修棧道，暗渡陳倉的大計便將泡湯，不但機關算盡，更是對國衛的前景造成不可期之後果。屆時有任何動盪，皆是大老闆不想見到，亦難以挽回的，損失不可估量。

楊梵城沒料到，自己已入他人甕中，如砧板待宰之魚肉，眼白白看著大限即將來臨。是坐等被人驅逐出局，還是從這一刻開始籌謀，以期來一次絕地反擊？

「宜未雨而籌謀，勿臨渴而掘井」。楊梵城一直明白這個道理，養成了獨特的危機意識，也一直秉承著不放過人生中每一個機會的原則。這也是他在保險業馳騁幾十年而屹立不倒的秘訣之一。此刻楊梵城的形勢甚是被動，然而他善於抓住機遇，有危機便有機遇，這次也不例外。

> "
> 「宜未雨而籌謀，勿臨渴而掘井」。楊梵城一直明白這個道理，養成了獨特的危機意識，也一直秉承著不放過人生中每一個機會的原則。
> "

其時，香港財經界名人袁天凡代表李澤楷找到楊梵城，希望楊梵城能與他合作創辦一間新的壽險公司，即鵬利保險有限公司，並能繼續開創奇跡，將這間年輕的公司做大做強，正如當初勇闖先衛並將國衛送上雲霄——上市。

因此，在嗅到國衛發出的危險信號之後，楊梵城立即開始考慮袁天凡的建議，一同創辦新的保險公司。當然他一邊仍在思考是否留任國衛。然則，現實再一次不予他繼續思考的時間與空

間，他再一次被命運之手推向風口浪尖。世事仿佛一再上演類似的劇本。他又需要面臨抉擇，然而這種抉擇似乎又不是任由他隨意裁定，而是由上天那翻雲覆雨手推動他去向他該去的方向。

這是選擇，又仿佛沒有選擇，一切竟像是楊梵城生命中早已註定，是一早寫就的劇本，而他不過按照這劇本去演繹他那跌宕起伏的人生。

領 1200 人集體辭職

當然，楊梵城不能草率。一切部署務必也是聲東擊西。若傳媒問楊梵城去留問題，楊梵城說不走，他日卻違言走人，國衛公司可以據此一紙訴訟遞上法庭告他違言。因此，與傳媒周旋時，楊梵城僅僅點到即止：「我們正在談合同，萬一我們無法達成一致，我會考慮其他方向」，以作退路。

如今，一切當昭然若揭。楊梵城知道，要阻止國衛賣盤，唯有一個辦法──辭職。

1994 年 1 月 18 日凌晨，楊梵城遞呈辭職信。與此同時，國衛大老闆抵達香港，並接受他的呈辭。

楊梵城一走，媒體便收到消息，大肆報道。1 月 21 日，鋪天蓋地的新聞如潮水般席捲香港保險業，而箇中起承轉合更引致無數猜測，言論紛紛，頓成城中熱議。

更讓楊梵城始料未及的，是他的辭職一事之影響深遠，持續發酵，業界大有地動山搖之勢。

楊梵城辭職後，國衛的很多中層領導找楊梵城商談。楊梵城與很多下屬本是情同手足，無話不談。他們希望跟隨楊梵城出去闖蕩，快意人生，掙一個光明未來。眾人有心，楊梵城豈能辜負？何況這些人中，很多是他當日一個一個力勸過來的幹將。眾人談妥，又回頭和自己的手下約定，便一起向公司提出辭職。

事情開始朝著不可控制的局面發展下去，就像開閘洩洪般，公司力量已經無法阻止洪水澎湃而去，似乎只能望洋興嘆，難挽頹勢。終至 1200 人集體辭職，誓隨楊梵城而去！

天地動色！如一場地震來臨，業內震驚如斯。楊梵城亦未曾預計，局面竟至如此壯烈。原已高處不勝寒，未覺人間是暖春，誰知風雲驟變，迫得國衛總裁出走。倒是在這亂紛紛的時局中，見到幾分人與人之間的真情暖意。唏噓之餘，亦感動莫名。

國衛公司大亂陣腳,發信給這些辭職員工,言辭灼灼,聲稱將控告他們,並控告楊梵城陰謀策劃。

曲終人散。後有 600 人擔心被公司控告,放棄辭職;返回公司後,審時度勢,又覺不會被告,這 600 人中有 300 人又一次辭職。最終,900 人集體辭職,其中絕大部分是行銷團隊成員,另有行政人員數十人,全為公司精英,士氣高昂,銳不可當。

900 人跟隨楊梵城齊齊加入鵬利,成為當年的頭條新聞。由於鵬利是新公司,辦公室仍未準備好,延至 1994 年 4 月,楊梵城正式於鵬利述職,與眾人再一次聚首新公司。

STEP
08

勇氣
保持重新出發的

鵬利保險投資共 5 億港幣。大股東包括李澤楷，中保集團、鵬利集團及管理階層等出資。成立鵬利保險的初衷是當時李澤楷手上有一筆資金，想要投資，而他與袁天凡眼見國衛保險由無名小卒開始逐步壯大到風光上市，成為香港第二大保險公司，不得不承認，這其中楊梵城居功至偉。

與楊梵城接觸後，他們更加肯定，楊梵城正是他們要找的「老闆給他 1 元，他能替老闆賺回 10 元」的人才。適逢國衛賣盤風波，楊梵城最終帶領 900 人團隊慨然加入，鵬利保險一時士氣大振，為後來發展壯大打下堅實基礎。

5 年即令新公司上市

1994 年，楊梵城出任鵬利保險公司副主席兼行政總裁。雖然楊梵城到來時，這間公司並非一無所有，但也是新生事物，一點一滴尚需楊梵城帶領團隊去建立。

來到這一階段的楊梵城，依然愛才惜才，凡他認為是難得之人才的，他皆會力排眾議將那人才請入公司，雖然這些舉措令股東們認為對人才的投資太大，然而他義無反顧，不改初衷。眾裡尋他千百度，驀然回首，那人卻在燈火闌珊處。

他總能於凡夫俗子中發現那些有過人之處、在某方面卓爾不群的人，此時的楊梵

李澤楷先生於 1994 年邀請楊梵城加入鵬利保險，全面發展人壽保險業務。

PACIFIC CENTURY
REGIONAL DEVELOPMENTS LIMIT
A PACIFIC CENTURY GROUP COMPANY

香港　　　　　　　　　　　　　保險
China　　　　　　　　oldi　　　　　　　nsuran

1999 年 7 月 7 日盈科
於香港聯合交易所上
市，楊梵城與袁天凡先
生（左 5）及董事局成
員等出席上市儀式。

盈科上市當晚的慶祝酒
會。

城更樂於擔當一名伯樂的角色，去發現千里馬。千里馬常有，
而伯樂不常有，因此被楊梵城提拔或重用者，皆與楊梵城建立
下深厚的感情。

在籌備多年後，鵬利保險易名為盈科保險，正式在香港上市。
上市那天，盈科保險的身價飆升至 40 億港幣，全部投資已然
回本。

楊梵城成為推動兩家保險公司成為上市企業的香港第一人，這種成就前無古人。尤其是盈科保險，在成立五年後便能扶搖直上，順利上市，這份輝煌，相信也足慰平生，此生無憾。

只賣「客人所需」

九十年代末的香港，保險業競爭逐漸走高。傳統保險在歐美市場推行幾十年，幾乎人人都買了這些產品，市場幾近飽和，需要想點兒新招，有新血衝擊行業市場，帶來新一輪的行情。與股票掛鈎的保險產品在歐美市場被漸漸炒熱。

這時的香港，保險業市場空間仍有，但新鮮事物總是能引領一陣潮流的，投資類險種也借機從歐美被引入香港，衝擊傳統保險業的銷售理念和市場需求。

其實做保險很簡單，楊梵城給員工們培訓的銷售金科玉律是：「我們只銷售一樣東西：就是客戶需要甚麼，我們的產品就保障他們甚麼。如，客戶想要有些甚麼可以保障他的家人，那麼壽險就是保障他未來的收入，產險就保障他現在的資產。」

楊梵城經營壽險多年，深諳普羅大眾的心理。很多人不願意買壽險的原因有二：第一，沒有危機意識，不會想到自己第二天或者就會如何如何；第二，從他現在的收入中拿出一部分錢來買保險，買了也見不到收益，與消費購物甚至其他投資都不同，最低限度，他吃了餐飯，起碼有食物進入身體；買了件衣服，起碼可以拿回家；而買了保險，僅僅是收到一張紙，即保單，要等他去世後才有賠償——這是很多人所不能接受的。因此，保險有其難賣的地方。

從堅持到妥協

現在，投資性險種來了。這種保險，不但是在客戶去世後做出賠償，在客戶的現階段也能進行投資，幫他賺錢。楊梵城理解這種產品的誕生有其時代原因，然而，每逢牽涉投資便會有風險，他浸淫市場數十載，看潮起潮落幾輪回，大風大浪走過無數，明白到一個道理：會起的東西就會跌。然而，人類的記憶時限非常短暫，好了傷疤便忘了痛，往往在失去後幾年，歷史

又會重演。因此，如果將投資放入保險中，就會令保險失掉本來的用意——用以保障客戶，反而可能為客戶帶來不可預測的風險。

多年的馭人之術，也讓楊梵城看到，很多的保險從業員並非投資專家。既然如此，他們又如何能夠建議客戶去投資，令他們一本萬利呢？

楊梵城積極參加公益活動，圖為2002年盈科保險贊助排球體育活動。

「假如，我是公司的從業員，去和客戶談保險，但客戶不喜歡甲公司的產品，想買乙公司的產品，但我不能將乙公司的產品賣給他，因為我不是那家公司的。那怎麼辦？我唯有極力遊說客戶，說現在的股市形勢一片大好，買我們甲公司的產品進行投資是不會虧的。但是，我只是個推銷員，不是投資顧問，如何能駕馭給客戶投資建議這種技術性強的工作呢？」

楊梵城最初很反對這類產品，並在公司內痛陳利害，並斷然決定：「我們盈科不可以賣與那些跟股票掛鉤的產品！」他不希望大家一窩蜂去推銷投資性險種，而忽略保險所應具備的本質。

楊梵城的堅持，在市場波詭雲譎的變幻面前漸漸低下頭來。投資性保險在市場上越炒越熱，行家們都開始偏向這種手法。與此同時，盈科內部也有了不一樣的聲音：不論付出，只論收成。

楊梵城開始感覺到，如果再與市場背道而馳，似有不妥。而他身上背負著整個公司的銷售業績，這麼大一隻鍋顯得日趨沉重，再不分出一些，或步履維艱。他自己倒也罷了，然而他的團隊呢？他手下那幾千個行銷人員怎麼辦？楊梵城不得不面對現實，假若不推出這類產品而令公司的銷售員們陷入困境的話，那麼，再不願意為之亦不可不為之了。因此，他最終同意並簽署了開發這類產品。

耕耘四十年　成保險宗師

2003 年，楊梵城正式告別盈科保險。

在保險這一行內，楊梵城沉浮四十餘載，灑過汗水，流過血淚；
苦悶過，彷徨過，憤怒過，失意過；因挫折而頹喪過，在大是
大非面前快意恩仇過；笑傲過，恣意過；風雲際會過，雲淡風
輕過；也曾獨自奔波，奮力拼搏，為一份保單而費盡心血過；
也曾在臥虎藏龍的業內叱吒風雲，呼風喚雨過；面對命運給出
的選擇而徘徊過；也在上天給出的提示前決斷過；出身寒微，
從底層默默做起，終成保險業一代宗師。

楊梵城的
「非凡人生」藍圖

1957-1967 ○ 美國友邦保險有限公司辦公室文員助理、會計文員

1967-1981 ○ 美國友邦保險有限公司歷任人壽保險及團體保險銷售代表、區域銷售助理、直銷部經理、副總裁（香港區）

1982-1986 ○ 先衛保險有限公司董事及總經理

1986-1994 ○ 國衛保險有限公司歷任董事總經理、首席行政總裁

1994-2003 ○ 盈科保險集團有限公司副主席兼行政總裁

2005 ○ 先機保險顧問有限公司行政總裁

2006-2011 ○ 民豐企業控股有限公司主席

2011- 至今 ○ 先機保險顧問有限公司行政總裁

楊梵城
「升職」10式

身為香港保險業一代宗師，楊梵城的徒子徒孫遍佈業界，可謂德高望重。而他培養的人才，很多已在業內獨當一面，任職高位，成為舉手投足都能讓行業變色的風雲人物。可見這位宗師對業界影響力之大。

而且，楊梵城一旦跳槽，近千人不問前路茫茫，不理身後繁雜，跟他說走就走，讓人震動，亦令人感動，其威望之高、人心所向，可見一斑。

楊梵城歷任多個公司行政總裁，他從「小打雜」升至第一把手，此「態度決定高度」的上游人生，實在值得借鏡。筆者亦從與他的詳談中，領略到這位一代宗師的成功 10 式，希望跟讀者一同分享：

他如何慧眼識才，從而凝聚如此龐大的銷售團隊？

他對現今的年輕人有何勸勉？

他對準備進入銷售行業的人才有何建議？

楊梵城給有志入行與尚在奮鬥的年輕人之「升職」10 式，讓你不再迷茫，踏上青雲路！

TIP
01

入行條件：三個「一定要」

簡：對剛入保險行業或想入行的年輕人有何建議？

楊：做保險，最低限度要具備幾個基本條件：

第一，一定要勤力。勤力的定義是要有自發向上的奮鬥精神，例如，如果上班時你的老闆就坐在你旁邊，你想偷懶也不敢，對不對？然而，保險從業員常常是要外出見客戶，沒有上司時刻「監管」，上班時間亦相對自由。這種工作環境下，如你沒有那種自發加上自律的勤力，就會很容易半途而廢。

第二，一定要堅持。要有恒心，不要覺得困難就卻步不前，放棄努力。要堅持，亦要能夠吃苦。

第三，一定要誠懇。所謂相由心生，有時你和一個新相識的人攀談後，你就能夠感覺到他是滑頭還是誠實。如果你一直學習以誠待人，這心態會令你看上去比較老實，也讓人覺得放心。如果你養成一個不欺騙人、誠懇待人的性格，漸漸地你與客戶談話時，對方也容易相信你，接受你，並非因為你「舌燦蓮花」而信你，而是因為你老實，你說的話可以令人相信。

有人會認為，銷售人員需要天份。我認為，天份是需要的，但更需要接受後天的訓練。

保險從業員的
三個基本條件：
第一，一定要勤力；
第二，一定要堅持；
第三，一定要誠懇。

當然，有一定的素質，才能被訓練。古語有云，朽木不可雕，《三國演義》中也有個扶不起的阿斗，說的都是天份很重要。一個再厲害的師傅，去雕刻一塊石頭，也只能得到一塊石頭，哪怕是藝術品的石頭；然而，如果這石頭內藏著一塊玉的話，那麼師傅雕出來的就會是無價之寶。

保險從業員首先必需有一塊玉在裡面，以上所談的三個基本條件，便是我認為保險從業員須具備的內在素質。但他們要最終成為大將之才，仍需有伯樂去對他們精雕細琢。因此，入行後的培訓很重要，而訓練員就是那位雕刻師傅。沒有雕刻師傅，石頭內的玉，或被一錘打破，或仍藏于石內，依然未能大展光芒。

盈科保險高級區域總監劉國明獲楊梵城頒發獎項。

TIP 02

顧客男或女，推銷策略大不同

簡：你覺得你有何獨特之處，能說服客戶買保險？

楊：第一，當年競爭不大，香港社會已買保險的人並不多，因此市場需求和潛力巨大，而另一方面客戶的選擇也不多，容易成功；

第二，我很勤力，勤力才能找到客戶，才有機會跟客戶面談，若你整天坐在辦公室，客戶不可能主動來找你。

其實，我在做管理工作時，也一直沒有停止做銷售的工作。因為有些員工跟我說，出去跑了8個小時也沒有任何成果，我想：怎麼會呢？我要證明給員工，只要你想做，一定做得到！我以身作則做給你看，我還有很多行政工作要做，但我用閒餘時間也能做出成績，我的銷售

額比你還要好，你有什麼理由做不到？

當然，也要學會如何打動客戶。其實你不必遊説，也可以打動任何人，最重要擊中了他的需求：男人，結了婚，有家室，我會問他：「假如有一天你不在了，你認為妻子、孩子可如何繼續生活？要繼續供樓、交學費、生活費？你不留給妻兒，讓他們今後一旦變故，怎麼辦？當然，你太太可能會改嫁，但恕我直言，你太太已為你生了孩子，青春不再，改嫁不易；而且她未必想改嫁。假如你有錢留給妻兒，太太的選擇就大了，可以選擇改嫁，也可以不。而且，兒女也是你的骨血，你有責任安排他們的生活。」

若是面對你客戶的太太，我就會對她説，「假如你的丈夫不在了，他留甚麼給你？就是幾個小孩，一堆問題？」不用擔心客戶會不開心，我都是實話實説，從對方的立場去思考。

要成功推銷，一般而言，我們會先坐下來瞭解一下對方有何需求。面對相熟的朋友較易推銷，因為你知道他的背景；如果你不瞭解對方情況便隨意推銷，可能會悉得其反。例如，你跟一個不認識的人推銷説：「假如你有什麼事，你老婆如何如何……」，對方來一句：「我還沒有結婚」，這樣就很尷尬，白費力氣，亦難以獲客戶信任。

另外，男女的反應也不同，這點非常有意思。男人還沒結婚時，不會去想家裡有什麼需要，不會去考慮「我未來的老婆」、「我將來的孩子」如何如何，比較難推銷；而女士即使還沒結婚也會比男士容易推銷，為什麼？我幫她考慮她的父母，「萬一你有什麼事，你父母如何如何⋯⋯」，一般女士比較顧家，因此這時就容易成功。而一旦結婚了，情況恰恰相反，男士會覺得有很大需要買保險給妻兒。

推銷保險亦要先瞭解客戶背景，例如看他收入如何，如果三餐不繼的，就不用說服他買保險了；還要看看他健康情況等等，其他情況因人而異。其實真正賣保險的經驗，要靠意會，很難言傳。

其實你不必遊說，
也可以打動任何人，
最重要擊中了他的需求。

勤力加可靠
屢受老闆青睞的品質：

簡：打工幾十載，你如何讓老闆欣賞你？可以屢屢被挖？

楊：我覺得在友邦時期，我的上司們皆認為我勤力可靠，這是首要。第二才是看能力。

為何勤力可靠的態度最重要？其實，作為員工，你不用特別聰明，你不懂，作老闆的可以教你。在我想辭去台灣南山的職位時，當時香港友邦的退休總裁，在聖誕聚會時得知我要走，這位退休總裁說：「不行，此人（指我）一定要留！他很勤力！」因此，我覺得勤力的態度是最重要的品質。

回顧我自己做保險從業員時，我人生中成功賣出第一張大額保單、以至後來在台灣促成了天價保單的簽訂，這些經歷都讓我明白：其實我並非特別能幹，只因我在這一行浸淫多年，有了經驗，而且我勤力拼搏，吃苦耐勞，是我的態度令我成功。

"

勤力與態度是最重要品質。

"

楊梵城與全體員工出席 2001 年盈科保險周年頒獎禮。

成功沒有僥倖可言

世界殘酷，

簡：在你的故事裡，我們看到很多傳統的核心價值觀，如誠信、勤力等等，然而現今社會，價值觀被扭曲，變得急功近利，你認為這些價值觀如今有什麼意義？

楊：我感覺，現今年輕人不太明白這些價值觀的意義何在，我們身為前輩，更應該保持這些觀念，讓年輕人明白：

第一，在這世界上，成功是沒有僥倖可言的。他們現在不覺得辛苦，因為他們是「啃老」，而不代表他們自己有什麼成就。他們只懂得高喊：「我大學畢業了，卻還沒有機會買樓」。大學畢業就一定要買樓嗎？他們要求太高，卻根本不懂得要付出。

第二，這個世界就是這麼殘酷。付出不一定有回報，如果付出定有回報的話，每一個人只要鬥勤力便可，對不對？但有時候也要講求機遇，機遇是上天給予的。天時地利人和，

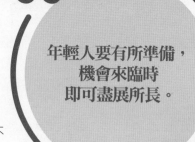

年輕人要有所準備，
機會來臨時
即可盡展所長。

缺一不可，要自己勤力才能夠配合。如果有天時地利，但你不夠勤力，那就只能錯過機遇，讓機會白白溜走。

假如有人讓我去做世界銀行的總裁，我是做不了的，因為我從來沒有去銀行工作過，沒有經驗和知識，他請我是我的「天時」，他認識我是我的「人和」，但沒有用啊，我還是去不了，所以一定要自己有所準備，然後等待機遇降臨。可能機遇永不出現，這就是人生；但如果你有所準備，一旦機會來臨，你就能抓住它。

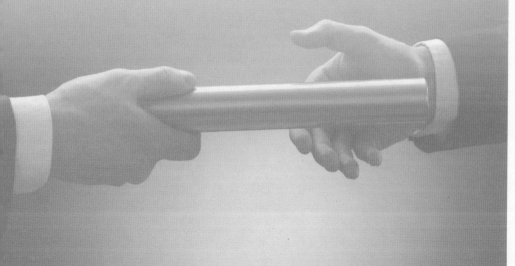

一眼便知是人才，或是蠢材，

簡：擔任總裁多年，你一直是很多人心目中的伯樂，很多舊部下都認為你知人善用，會將合適的人用於合適位置。你如何能夠慧眼識人？如何得知某個人是否適合保險行業？

楊：我會首先看那個人有沒有追求目標，對錢有沒有興趣，以及看看他過往的工作經驗、學生時代的學習成績等等。當然，聘請一個讀書成績好的人不是單純因為他會讀書，而是因為他勤力。我認為懶惰的人讀不好書，但讀書好的人也未必能做好這份工作，因此很難說哪一個選人才的方案最好，只不過是將這幾點結合衡量。

其次，做保險的人要誠懇。我判斷一個人是否誠實可靠，可以在面試時觀察他講話的神態語

氣、他的眼神是否閃爍、他說話的可信程度，説起話來是否大放厥詞、有沒有邏輯及道理等等。

最後，看一個人是否勤力，還可以從他走路時的姿態中觀察到一些端倪。走路姿態，可以分為三種：拖地走；普通走；急急走。舉例，有些人走起路來，鞋跟拖地，這些人一定走不快，也就不能十分積極地工作；如果是急急走的，説明性子較急，做事較積極。而做銷售的，走路都是匆匆忙忙，不會垂頭喪氣。垂頭喪氣、低頭沉思那些人是不適合做銷售的，做其他工作，如負責給意見或做行政支援可能較為合適。

當然，這都是純憑經驗所得，沒有準繩，只是閱人無數後得到的一個常規。但這世界沒有 100% 絕對的事情，判斷人才也不是看相算命，事實上，我做這一行這麼久，「眼鏡也打爛了很多次」，不少時候看漏了眼：以為很醒目的，卻做不來；以為迷迷糊糊的，最後發現做得很不錯。所以，以上方法也不算科學，只屬經驗之談。

> **我會首先看那個人有沒有追求目標，對錢有沒有興趣，以及看看他過往的工作經驗、學生時代的學習成績等等。**

被尊重、有前景

如何吸引千人相隨？

簡：歷任幾家公司總裁，手下員工動輒幾千人，你如何能夠讓這麼多員工跟你一條心，出生入死，無怨無悔？

楊：第一，他認為跟著你這個上司，能從中學到本領，還能掙錢，有未來可期。

第二，他跟著你工作時，是開心的，因為他感覺被你信任，被尊重。

以上兩點，是我認為能與下屬一起工作的基本要素。假如一個老闆能給你無限前途，有很好的承諾，卻常常無理取鬧，令你動輒得咎。你會感覺如何？「對，我能掙錢，但是我做得不開心啊！」你會這樣想吧。

如果這時有另一家公司以稍低於你目前收入的價錢請你過檔，你也可能會動心，覺得雖然錢掙得少一點點，但是不用那麼壓抑，那麼不開心，對吧？當然，如果有個老闆對你非常好，幾乎當你親生兒子般疼你，卻掙不到錢，這也是不行，你也要生活，養家糊口，對吧？因此，要留住下屬，以上兩點缺一不可。任何一條做不到，他們都會走人。

當老闆的，一定要尊重員工。老闆當然有老闆的威嚴、地位，否則如何吩咐員工工

每逢公司活動，在楊梵城的帶領下，員工們都會一條心，齊齊出席。

作？然而威嚴之中，你又要讓員工們覺得你尊重他們，同時，還要讓他們感到能從你身上學到嘢，否則他會覺得，我跟著你，與我跟著另一個老闆，所學的都差不多，那你這個老闆就沒什麼特別的吸引力了！

我所說「學到嘢」，不是讓員工感覺到他只是替你做事，而是要讓他通過做這些事去提升他的能力，表現他的能力給老闆看。

因此，都是吩咐某個員工做事，說的話差不多，口吻不同，結果就大相徑庭，因為給員工的感受會南轅北轍。一種是以老闆的身份及口吻去壓夥計工作；另一種則是與員工有商有量，以建議的口吻去讓他幫你做事，如這件工作如此如此，不如你替我做好它吧？同樣讓夥計做好一件事，你認為夥計有能力做才讓他做，夥計知道了就會比較開心；如果你粗聲粗氣，頤指氣使，發號施令道，「快點替我搞定這件事！」夥計也會做，但是心想：「有沒有搞錯！」

所以，給命令時的姿態也是一門學問，你要讓他感覺自己被尊重，被認可，甚至被寄予厚望，感覺你是欣賞他的能力的。

TIP 07

做錯，一定要找出原因

簡：身為幾千人的老闆，假如員工做錯事情，你如何處理？

楊：人誰無過？一旦夥計做錯事了，很多老闆就先罵人，但我卻不然。

第一步，我會去問他，有什麼地方做錯了，有什麼補救方法？僅僅是罵，沒有價值，罵完也不解決問題。關鍵是要補救，解決眼前的問題。

補救好了，第二步才是問他，為何做錯。你不可以不讓他知道他錯在哪兒，一定要他找出原因，否則將來他還會犯同樣的錯誤。聽聽他的解釋，從中我會判斷，這個夥計是否可靠。

有些夥計會說：「不知道啊，不關我的事啊，你去問某某吧！」如果夥計第一時間是如此這般推卸責任，這些人便不可靠，扛不住壓力，因為他們永遠不會學習如何面對和改正錯誤，沒有承擔，是沒有出息的。這些人，即使你將來教好他們，也很難升他們到高位。如果那夥計說：「對不起，是我疏忽，」我會覺得，挺好的，很有責任感，肯承擔，值得信賴，也值得託付任務。

出席亞太衛星——IIR發射保險保單簽發儀式。

不論大事小情，我認為做人都應該有承擔，如果做錯了便是人家錯，有功勞時卻又來邀功，這些人真的不行。你可以在這些細緻地方，看出一個人的誠信或人格，可以試出此人是否可靠。

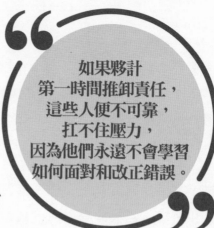

> 如果夥計第一時間推卸責任，這些人便不可靠，扛不住壓力，因為他們永遠不會學習如何面對和改正錯誤。

根據我多年經驗，夥計做錯事情，跳不出四種情況：

首先，老闆有責任，因為用人策略是關鍵。你將對的人放在了不對的位置上。舉例來說，若那夥計擅長畫畫，你卻讓他去唱歌，或者會唱歌的你又叫他去跳舞，就全亂了。當老闆的應該看清楚夥計的能力、強項在哪方面。將對的人放在了不對的位置，讓他做他不擅長的事情，這就不能怪夥計，要先自我檢討。

> 做人應該有承擔，誠信重於一切。

別的不說，如果你找楊梵城去做精算師，一定是錯的！我的數學很差，這是眾所周知的！如果你要一意孤行，非要我做精算師不可，那麼之後一旦犯錯，你不斷罵我，我也沒辦法，因為你一開始的用人策略就錯了，對不對？

其次，還是與老闆有關係：老闆沒有給夥計一個清晰的指令。
你僅僅指示他做好事情不夠，老闆心目中的「做好了」與夥計
認為的「做好了」，程度可能不盡相同。你要給予夥計清晰的
指令、方向。

再者，夥計做事經常犯錯，是粗心大意問題，需要多些貼身管
理和教導。若他故意做錯，這就是態度問題了，這種情況下，
你應該直接開除他。

TIP 08

要彈性化，不能死守制度

簡：當年你從國衛保險跳槽時，有接近900人跟你一起走，震動了香港保險業界。能否談談，為何會發生這樣的奇事？

楊：當時為什麼有那麼多人願意跟我一同跳槽？就因兩個字：信譽。

你做上司時，要讓手下人覺得你值得信任。那麼，如何去建立自己的信賴度？我認為，在做領導時，做不到的事就不要隨便說，說了的就一定要做，不要輕易承諾。當時，我相信自己在下屬心中獲得很高的信任感，他們深信：儘管此刻新公司剛成立，楊梵城亦沒有承諾給予他們什麼，但他們相信他是一個言而有信的上司，與他一齊工作會非常有安全感。這就是誠信。

當時跟我一起走的 900 人，我不可能每個人都認識，是他們相信他們的直屬上司，而他們的直屬上司相信我，牽一髮而動全身。大家認為，這些年來，楊梵城並沒有失敗過，而現在他要走了，那麼這間公司便不值得再留戀了。

從管理學上來説，有很多管理者非常死板，動輒講求制度，不願意改變原則，沒有彈性。這樣子起初看起來很不錯，大家有條條框框去跟從，便於管理，但是這些制度

楊梵城主持鵬利保險巨人大賽頒獎慶祝活動。

制定之時，不可能會考慮到公司的一切情況。我認為，如果一間公司凡事都死守制度，那麼就不需要有管理層，直接用電腦和制度來管理就足夠了。

但是，另一方面來看，做上司的又不能給員工太多空間，因為太自由太寬泛的環境會讓員工成為無軌及無人駕駛列車。必要的時候，還是要有一定的制度來約束。當然，在制度之外，信任和人性化的管理風格十分重要。因此我一直強調，做上司的，凡事持有公正的態度，一碗水端平，一視同仁，是管理的關鍵字。

例如，甲說自己的生意好，想要獎勵；但我也要顧及生意不好的員工，如果我為了甲而設立一條獎勵制度，這可能是為甲量身訂造的，這就有些偏頗；而如果這獎勵制度不是為甲量身訂造，其他人能做好的話也能受惠，便不存在不公道之說了。

要一碗水端平，
一視同仁。

○ 楊梵城「升職」10式

127

交情再好，也要用人唯才

簡：若有夥計曾跟你出生入死，但隨著公司制度越趨完善，那夥計跟不上公司的發展，你會如何處理？

楊：如果是專做銷售的，這比較好處理，因為他做得越好就會獲得越高報酬，因此對於其他因素，他們不甚在意；若是行政人員，便要考慮實際情況，若你不懂得那些知識，交情再好，我也幫不了你，如你不懂精算，我不能放你在精算部；若你數學不佳，我不可能讓你做會計。因為每一個部門都是專業的。我個人認為，至少有兩個部門不是能靠吹牛吹出來的，一個是精算部，一個是電腦部。皆因這兩類工作我不懂，一旦我去坐那些位置，便是搗亂。

如果上司調換你的職位，你應該調整好自己的心態，將調職視為一種難能可貴的學習機會，

讓自己從不同的工作中學習
新的事物，學習新崗位的需
要，掌握新技能，從而裝備
自我，令自己能力獲得提升。

> 將調職視為
> 一種學習機會。

有些年輕人，總愛說，這不是我工
作範圍應該做的，為何要我做這些？有這樣
的想法，是因為他心裡總有種怕自己吃虧的
想法，而這種想法，會限制他走向成功。

楊梵城與盈科保
險人壽保險銷售
總經理馬添慧女
士及 GRA 聯保公
司高層，出席於美
國舉行的保險業
界活動。

○ 楊梵城「升職」10式

學歷並非越高越好

簡：從你自身的經歷來看，你認為，要成為人才，學歷是不是越高越好？

楊：學歷並不一定越高越好。學歷，一定要有，但不一定需要太高。我覺得，有些行業，如醫生、科學家等，學歷自然要越高越好，一定要不斷進修。但有些非專業性行業，讀太多書進修不一定有用，反而社會經驗更重要。

我這樣說，一定會被人罵。如今社會，每個人都在說一定要多讀書。但其實，你能不能告訴我，讀完書之後做什麼？有些人，讀完書出來，認為自己很威風，讓他從前線做起，他覺得「大材小用」。而一旦有這種心態，工作就做不好了，他終日覺得「老闆不重用我」、「老闆不給我機會」，還認為如果勤力就只會很吃虧等等。

因此，我個人認為，書讀得好，可考慮去教書等工作。要去商界發展的話，沒有讀書當然不行，但也不能讀太多，會影響心態。

為甚麼讀書太多，會影響心態？舉例，當你沒錢時與有錢時，說話的態度是會不同的。我們招聘時遇過那些高學歷的人，不敢聘請他們，因為不知如何安置他們才好：讓他們去做經理吧，他們還不夠資格，沒有經驗；讓他們去做銷售吧，他們又覺得自己大材小用，不肯聽話，最後高不成低不就。書本上教的和真正做起事來所得到的不盡相同，對於這類人，我請他們可能要付 13000 元左右的月薪，而相同的要求下，我請一個低學歷但肯幹、聽話的人，只需要 9000 元左右月薪，那麼，我為什麼不選擇後者？

我認為現在投放太多資源到大學，有些人根本不必要去讀大學。不是每個人都適合讀大學的。我在澳洲時，遇到一個博士在餐廳做服務員，給用戶端茶送水，因為滿街的博士，就等同於大家都是小學生一樣。

很多父母推著孩子去讀書，認為孩子一定要讀很多書才行，我就認為不必如此，不能不讀書，但要因人而異，適可而止。不要花太多時間和心血讀下去。當然，如果你要去專門研究某個領域，你要做科學家，要做專業人士，那就需要讀下去，將自己沉浸在知識領域中。

CHAPTER 03

成為CEO
四大「人生技能」
不能少

行政總裁（Chief Executive Officer, CEO）是一家企業的最高行政人員，負責公司的經營及管理，並對所有股東及全體員工負責，起到「承上啟下」的重要作用。這一職位，位高權重、收入豐厚，是一個看起來光鮮亮麗的職位。

然而，楊梵城卻認為，擔任 CEO 並非世人所認定的那樣非凡燦爛，CEO 之路可謂快樂與艱辛交織。

真實的 CEO，是怎樣的呢？

而如何運用四大人生技能 (Life Skills)，成為一個傑出非凡的 CEO？

01

肩上責任重大

CEO 之苦

CEO 最重要的責任，是要顧及很多持份者的利益。

首先要幫公司獲取盈利，使公司股東能夠賺錢。美國國際保險集團總裁曾經說過，任何人都可以來做 CEO，但這個人要保證每年令公司利潤增長 20%。可見 CEO 責任之重大。

CEO 要為公司開源，也要為節流，因此，CEO 一方面要出去尋找生意，另一方面還要幫老闆想想如何令公司內部及對外省錢。

拿楊梵城奮鬥了幾十年的保險行業為例，保險公司要招攬人才，新人會帶來新生意和新發展，所以於楊梵城任職 CEO 期間，一直大力招兵買馬，積極為公司注入新鮮血液。

前些年，香港保險界流行「握手費」，即保險公司會通過不同管道，以更加優厚的條件，借此招攬優秀人才。而通過高薪招攬人才這方式，對於 CEO 而言亦是一個挑戰。要想招到心目中的人才，開出的條件不夠，吸引不到人才；條件太高，則公司的人力成本增加，公司的利潤就相對減少。

畢竟，公司每賺取 1 元收入，一部分成為經紀的傭金、行政費，另一部分是分派給股東的利潤，還有一部分要留給保戶。如果招人的條件出得太高，抬高了公司的行政支出，則老闆得到的利潤就少了，老闆不高興；給保戶的錢也少了，保費就會上升，影響生意。

楊梵城在保險界是一位與高層共同招聘人才的 CEO，他認為 CEO 招攬各方人才時，要有獨特的眼光，懂得辨識人才。但看人不容易，有時 CEO 也會「走漏眼」，押錯寶。有的人，你以為他很能幹，重金禮聘回來，誰知表現平平；有的人，你以為他資質平庸，誰知經過試用期後，發現他成績不錯。CEO 要做的，就是要招攬並挽留真正優秀的人才，並讓他們心甘情願地聽你指揮調遣。

當然，還要能讓他發揮所長，有歸屬感，才能達致雙贏。

02 位高權重
CEO 之樂

身為 CEO，固然困難重重，但這一職位帶來的種種好處：有錢、有權、有面子……還是讓人趨之若鶩，人人爭做 CEO。

名成利就：CEO 一職是公司最高統領，薪金亦應為公司員工之首，如果就職於一定規模的公司，年薪可達數百萬甚至更高，收入豐厚，生活質素當然可以較高。這也是很多人的奮鬥目標。

位高權重：CEO 身處高位，可指揮手下一眾員工，可隨意調兵遣將，自尊感會很高。

很有面子：CEO 有權作出很多決定，掌控此等權利會讓人覺得很有成功感。

03 以「人生技能」迎接CEO的挑戰

CEO 要過苦樂參半的雙面人生，身邊還可能有很多公司政治，競爭強大，因此他要明白自己的處境，通過不斷的自我增值，從而提升自己的能力與價值。做 CEO 如逆水行舟，不進則退。

身為 CEO，時刻面臨很多挑戰。假設在智商平等的基礎上，CEO 通常會較為年長，有著年輕人沒有的經驗，當然在體能與健康或會不如年輕人。因此，CEO 還要保持健康的飲食與運動，在生活方面自我節制，務求可以令自己以健康身心勝任工作崗位。

筆者於楊梵城任 CEO 的公司，擔任企業策略公關顧問的 10 年時間裡，一直見證他的成功。商界人士一致同意，楊梵城有效率的企業管理

○ 成為CEO 四大「人生技能」不能少

風格、前瞻性的市場遠見、獨特的企業觸覺，將他推向個人事業的巔峰，令他屹立於香港保險業的頂點。

回顧楊梵城由小學尚未畢業到成為CEO的卓越個人成長歷程，筆者期望從 Life Skills 人生技能的角度多加分析，Life Skills 是風靡歐美的教育理念，被引入香港的教育體系已超過25年。那麼，它究竟是什麼？

Life Skil 人生技能注重於年輕人的全人健康發展，這些人生技能應該伴隨其一生的軌跡。Life Skills 人生技能幫助年輕人更加瞭解自我、提升學習能力、加強溝通能力、養成團隊精神、處理壓力、清晰自己的人生定位、對人生做出正確決定。

從楊梵城豐厚的人生閱歷中，他已經擁有 Life Skills 人生技能這把人生的鑰匙，打開了成功之門。他的升職路上，有清晰的定位，不斷自我反思和學習。他在成長歷程中，其良好的性格令他獲得極好的人際關係，令很多人都樂於與他合作，或成為他的客戶，或成為他的合作夥伴，或成為與他並肩作戰的手下。

04

掌握四大「人生技能」

你也可成為 CEO！

你是否也與楊梵城一樣，從事行銷行業？那麼，你是否也想瞭解，如何能像他一樣，從行銷奮鬥到 CEO ？

要成為 CEO，首先要自我反思，以下幾點是測試你成為未來 CEO 的潛力：

第一，保持自我增值。Life Skills 人生技能認為，人應該瞭解自我，而瞭解自我最好的方式就是不斷學習，自我增值。在 70 年代，招聘人才的要求是中學畢業；到了 90 年代，要求大學畢業；到現在 2000 年代，碩士、博士學位變得普遍。社會對人才的要求一直在提高，因此人才的自我增值很重要。

自我增值，不僅僅是體現在學歷的提升，社會職業分工日趨細緻，對人才的要求也不盡相同，某些行業，如科學研究類的工作，需要從不斷提升自己的學歷，從這一過程中掌握更多高尖端知識；而某些社會實踐性、服務性行業，則更強調個人綜合質素的提升，性格的完善，技能的熟練，而這一切，並不是一味要求提升學歷能夠達到的，反而需要我們通過多管道、多方式進行綜合學習與個人增長。

第二，肯花時間在工作和公司上。為何公司升他卻不升你？因為你沒準備長做，而他卻打算在這間公司繼續效勞，機會當然要給那個肯留在公司做的人。

有些年輕人認為公司不適合就會轉公司， 有時一年會轉兩間公司， 三年可能已轉了至少三間公司。 筆者在大學任教時，都會在堂上與年輕人分享這句說話：要給時間自己熟悉這間公司，也要給時間公司熟悉你。 在熟悉過程， 欠缺目標， 就會很容易迷網， 離開公司似乎是最佳答案了。記住，Life Skills 人生技能強調，要學會豎立適切的人生目標（無論升職或是加薪），並作出計劃及行動。

第三，人際關係一定要好。要將生意推廣出去，因此一定要不斷去建立良好的人際關係。Life Skills 人生技能的法則：良好的性格能幫助年輕人從容地適應未來的挑戰，而擁有團隊精神，能更好地讓自己融入社群，與他人達成良好的合作。

態度決定一切，性格決定命運，要問自己是怎樣性格的人，有怎樣的人際網路。

做 CEO 需顧及很多不同的持份者利益：員工的利益、股東的利益、客戶的利益等等。如果你做行銷員時，已練就一身良好的人際網路，那你當上 CEO 時，要兼顧別

給時間自己熟悉這公司，
也給時間讓公司熟悉你。

人利益時就不會覺得自己吃虧，而會用宏觀的眼光來看待這些法則。

第四，情商高，懂得向外推銷自己。Life Skills 人生技能強調要懂得與人溝通，表達自我，這對從事行銷的年輕人尤其重要。行銷人員的報酬靠佣金，起薪不是很高，都是靠多勞多得賺回來的。

楊梵城認為，要做好行銷，應透過龐大的人際網路去推銷自己。可能你推銷給 10 個人，有 9 個人拒絕了你，但只要有 1 個人成功就行了。做行銷不要怕臉皮厚，情商要高。在奮鬥的路上一定有很多情緒困擾，你一定要克服它們，才能走上 CEO 之路。

能否從行銷走到 CEO 之路，看你能不能做到以上這 4 點。做到了，恭喜你！你已經踏上通往 CEO 的路！

推銷給 10 個人，
有 1 個成功就行了。

後記

" 攀上人生頂峰之
階梯 "

量化人生目標
做正確決定

《升職力——從 Sales 到 CEO 的保險宗師楊梵城》這本書，是忠美跨文化中心和 Win Concept 威確顧問策劃，由筆者撰寫，送給年輕人的一本 Life Skills 人生技能之勵志讀物。

對於從事行銷等從業人員，楊梵城的故事告訴他們升職之道：如何提升自己的工作崗位與層次，由一線人員晉升管理人員，由執行層晉升到決策層；而對於身處非行銷業或在學的年輕人，楊梵城的經歷，又教會你什麼呢？是 Life Skills 人生技能的展現。

楊梵城縱橫香港保險業界數十年，如果通讀他的故事，我們可以看到，他在邁向成功的路上做過很多重大的決定。做決定，是 Life Skills 人生技能中的其中一項。人生中，我們會有很多次機會做決定，然而並不是所有的決定都是正確的。那麼，如何面對那些錯誤的決定？

我的信念是：態度決定一切。抱持反思的態度，對做錯的決定反覆思量，釐清自己的決定錯在哪裡，以此為鑒，並設定下一

步的計劃及行動，正面積極地吸取錯誤教訓，化錯誤為養分，為下一次做出正確決定提供更多支援。就像登山一樣，將每一次錯誤的決定提取出來，化為腳下的每一級階梯，當下一次再做決定時，便能穩穩踏上這層層階梯，步步邁向頂峰。

Win Concept 威確顧問協助策劃推廣「鵬利保險」運動與家庭推廣計劃。

CEO 首要責任：
幫公司年增 20% 盈利

楊梵城曾經說過，CEO 責任重大，而首要責任當然是要幫公司賺錢，量化到具體數字，至少要幫公司每年達到 20% 的盈利增長。將這理念擴展到成長路上，我們是否可以量化自己的成長目標？訂立目標是 Life Skills 人生技能所強調的另一項重要能力，那麼，你的目標是否可以量化，成為一個具體可量度的目標？

Win Concept 威確顧問策劃推廣「萬家樂聚萬家歡」嘉年華會，為鵬利保險建立良好社區形象。

楊梵城的故事告訴我們，人生目標可以量化，工作目標也可以量化。假如你是一位初涉職場的年輕人，希望加強自己的競爭力，不願一直停滯在路上不知去向，那麼，是時候訂定自己的學習目標和計劃了。

你不妨一邊工作一邊繼續進修，逐步提升自己的能力，讓自己的資歷加分。將目標進行了量化，有助你用良好的 Life Skills 人生技能，去排除萬難，增強決心，令你更加堅持去實現這個量化的目標。那麼，由今天開始問一問：自己的量化目標是什麼？

Am I better than yesterday ?

楊梵城常常對員工們說，要每天自問：Am I better than yesterday？今天的我是否比昨天的我有進步？在哪些能力我有提高？這句話，也是楊梵城自我鞭策的金句。

為何要每天如此自問？其實這其中隱含了個人的情緒智商，即 EQ。在人生路上，我們會面對很多風雨，遇到不少困難，情緒

Win Concept 威確顧問統籌鵬利保險「萬家樂聚萬家歡」嘉年華會，獲得眾多機構支持和參與。

智商的高低，影響著我們解難的能力和結果。而解決困難也是 Life Skills 人生技能中的一項，面對困難、需要解難能力。有些人稍遇挫折便一蹶不振，有些人受到打擊便覺天塌一般，亦有些人在困難和阻礙面前，自縛雙腳，認為時不我與，聽天由命，乾脆自暴自棄⋯⋯這些都不可取。

Am I better than yesterday？常問自己這個問題，也能令你更好地實現自我增值。也許，目前的工作令你覺得辛苦、枯燥，眼前的待遇亦不豐厚，但如果通過這份工作所學到寶貴的技能，能夠助你自我發展，那麼眼前的辛苦和付出，相信都是值得的。

誠如我常與年輕人分享的理念：現在的你，賺的是未來的錢。當你擁有了豐富的工作經驗，在知識方面有了一定的累積，你所獲得的也將相應增加。

升職力

這本書名為《升職力》，是希望大家閱讀後，可以為自己訂下一張升職力的清單，反思一下有否擁有以下幾股力量，去令自己達致升職的目標：

願年輕人在閱讀本書後，獲得力量和啟迪，像新葉一樣綻放生機，茁壯成長！

* **增值力**
* **堅持力**
* **溝通力**
* **壓管力**
* **規劃力**
* **執行力**
* **反思力** ....

能即時行動嗎？

不要自我淘汰　自我放棄

最後，想將一個詞送給讀者朋友：淘汰。

在普世價值中，淘汰仿佛是個很冰冷的字眼。其實，淘汰本是個非常好的詞，它並沒有針對性，無所謂褒貶，如果我們能夠堅持自我增值，堅持學習，正面對待自己的人生，清理人生垃圾和痼疾，我們應該不怕被社會淘汰。但有沒有想過，可怕的不是被社會淘汰，最可怕的是自己先淘汰了自己！當社會還未對你進行判斷時，你卻先自我放棄，豈非自我淘汰？因此，無論社會環境如何變遷，不要做那個自我淘汰的人。

無論你是否希望成為 CEO，或者你有其他的人生目標，希望楊梵城的故事都能給你帶來一些思考與借鏡，協助你在人生路上走得更自信，在自己訂立的方向指引下，開心地走得更遠。

簡偉列

Career 16

升職力
從Sales到CEO的保險宗師楊梵城

作者	簡倩如
策劃	Chinamate 忠美跨文化中心
	Win Concept 威確顧問　趙東明

出版經理	Sherry Lui
責任編輯	Yannes Ho
書籍設計	Stephen Chan

出版	天窗出版社有限公司 Enrich Publishing Ltd.
發行	天窗出版社有限公司 Enrich Publishing Ltd.
	九龍觀塘鴻圖道 78 號 17 樓 A 室
電話	(852) 2793 5678
傳真	(852) 2793 5030
網址	www.enrichculture.com
電郵	info@enrichculture.com
出版日期	2017 年 6 月

承印	嘉昱有限公司
	九龍新蒲崗大有街 26-28 號天虹大廈 7 字樓
紙品供應	興泰行洋紙有限公司

定價	港幣 $118　新台幣 $ 480
國際書號	978-988-8395-59-0
圖書分類	(1) 工商管理　(2) 職場

支持環保　此書紙張經無氯漂白及以北歐再生林木纖維製造，並採用環保油墨